關係物化

那些假愛之名的需索與控制，
是否真是我們想要的愛？

郭彥余 諮商心理師——著

目錄 CONTENTS

推薦序 在親密與獨立之間，找到一種平衡的可能 10
前 言 我們擁有的究竟是愛，或是已經物化的愛？ 15

I 戀人關係的物化

01 因為我愛你，所以你是我的——用戀人補足失去的控制感 31
逐漸扭曲的內在歷程
消除內在失落與焦慮的企圖
看見別人與自己，避免將關係「工具化」
進入一段關係前的思考練習

02 因為你愛我，所以我是你的 55
——用戀人證明自己的存在感

被愛才能證明自己的存在
用美好的幻覺，彌補過去真實的痛苦
追尋真正的愛情，而不是追尋麻藥或解藥
當關係出現問題的思考練習

03 伴侶只是條件化的商品 75
——用戀人展現自己的價值

訂製提升個人價值的「理想」伴侶
表面的完美，究竟是理想還是幻想？
理想伴侶不是既存的，而是養成的
尋找理想情人的思考練習

II 人際與職場關係的物化

04 我這麼優秀，你憑什麼跟我平起平坐？ 95
——用排擠爭取眾人目光
追求不凡，卻無法接受他人也同樣不凡
把他人當成爭取目光的絆腳石或墊腳石
壓低他人，不會讓自己變得更高
與他人真誠共處的思考練習

05 我這麼照顧你，你怎麼可以不聽我的？ 115
——用討好搏得影響力
四處結盟的八面玲瓏

靠成為他人的一部分來緩解焦慮
跳脫討好與操控的循環
在陌生情境順利自處的思考練習

06 我這麼相信你，你怎麼會這樣對我？

——用控制緩解焦慮感

對他人的脆弱信任感
面對無法全盤控制的世界
別讓過往的人際焦慮侷限了自己
面對人際焦慮的思考練習

III 親子關係的物化

07 這是我以前的夢想，不要身在福中不知福！——用下一代替自己而活 155

無法成為「自己」的子女

實踐夢想的替代品

追求主流價值的掌聲，卻束縛了自我的人生

面對過往遺憾的思考練習

08 只要把成績顧好，其他都不重要——用物質滿足取代心靈陪伴 173

當物質取代了生命的意義
極度需要意義的人，卻過著缺乏意義的生活
檢視自我生命的核心
找回生命意義的思考練習

09
你要什麼都給你了，為什麼還覺得不夠？
——用百依百順取代教養責任
變質的王子
得寸進尺的貪婪
物質的滿足無法滿足一切
面對物質欲望的思考練習
199

IV 自我的物化

10 我一定要努力往上爬——用世俗的成功定義自身價值 219
沒有極限的成長與進步
好還要更好的菁英迷思
定義自己的，不是成就與地位
讓不斷前進的自己喘口氣的思考練習

11 你們這些人都比不上我——靠優越的表現貶低他人 237
虛假掌聲豢養而成的公主
沒有人強大到不可取代

優秀不等於指使他人的權力
面對職場操控與服從的思考練習

12 為了形象，我絕對不可以犯錯 257
——用推卸責任成就偶像包袱
不能出錯的偶像包袱
獎項與頭銜助長的無知
認知失調，讓人連自己都欺騙
面對錯誤時的思考練習

結語 幫助自己建立滋養性的關係型態 283
後記 我們都是在暗夜汪洋中漂流的獨立小船 291
參考資料 298

推薦序

在親密與獨立之間，找到一種平衡的可能

海苔熊／愛情心理學家

人與人之間，最可貴的互動是關係，但往往最傷人的，也是關係。

為什麼會這樣呢？因為當我們用自己的視框和眼鏡、懷抱著某一種需求和期待，渴望對方了解我們，可是卻又不願意明說的時候，缺乏了雙向溝通的交流，我們很容易變成彼此的物品——因為你「看起來好像很在意」，所以我滿足你的需求；因為我「看起來好像很難搞」，所以你順從我的選擇。我們活在彼此的期待裡，都沒有辦法做自己，可是又好渴望做自己，所以在每一次的互動裡，我

們可能猜測對方的意圖、可能渴望對方的擁抱但是不說出、可能在一次又一次的失望當中，期盼著有一天他會符合我們理想的樣子，但後來才發現，這一切的一切都只是我們單方面的幻想。

這就是為什麼作者認為，一段好的關係並不是誰付出給誰、誰滿足誰，而是一種雙向的溝通，跳過了這些溝通，我們只是在「交易」，而不是在「交情」——關係也在這個時候，變成物品。

變成對方的附屬品

不過，上面的情況還算好的。

更糟糕的情形，是讓自己淪落成對方的物品，你可能會有非常低的自我價值、非常模糊的人際界限、每一天都無法做自己，可是每一天又渴望對方的認同。你就像是《玩具總動員四》裡面的黛比娃娃，渴望被帶回家，所以總是做出許多迎合與討好的劇碼，可是你內心深處有一個巨大的洞，渴望被重視又擔心被冷落，所以你在工作職場、家庭親人、感情婚姻，甚至親子關係當中，把自己變成對方的「工具」，只渴望被使用、被奴役、被放在手心，可能短暫地獲得了認同、讚許、甚至不可或缺的感覺，但一段時間之後，你就會開始擔心：是不是我不努力，就不會有人愛了？是不是我變得沒有用，你們就會離開我了？

既然有「物品」，就有「使用物品」的人。如果你經常在上面描述的那種關係當中，對方可能會把你當成自己的延伸，用「我都是為你好」的方式來勒索你，你必須無止境地滿足他們的需求，然後當你獲得獎勵的時候會喘息一下，可是很快地，下一場戰爭又會到來。你一輩子在為別人而活，卻不知道自己真正想要的是什麼。

走出物化的關係

那麼該怎麼辦呢？作者彥余用精闢的筆調，解開家庭、親子、伴侶、職場當中種種「被物化的關係」，歸納出一個很重要的法則，就是在物化的關係當中，往往只有「一個人被看見」。可能是只看見自己、可能是只看見對方，也可能以為自己已經看見了彼此，但到頭來才發現，自己所看到的只是對方在自己眼中的幻象。要走出物化的關係，只有一條路，就是「如實地看見彼此，並且創造雙向的溝通」。具體的做法就是清楚自己要的是什麼、清楚對方要的是什麼，並且在一次又一次的溝通裡面，澄清彼此的「以為」，讓那些一個又一個的以為，成為彼此更加了解的機會。

作者在最後提到了「孤寂」這個概念，跟我的想法不謀而合。我常常覺得，沒有人是一座孤島，但每個人內心都有一塊寂寞的城堡，但就算寂寞也沒關係，因為或許正是因為寂寞，才把我們彼此羈絆在一起。

但也因為彼此羈絆，往往忘記了人與人之間的界線、遺忘了即使是與最親近的人相處，也要尊重對方的自主。要做到這件事情，並沒有捷徑，只有開啟雙向的溝通，才能同時擁有親密與獨立。

彥余在書的最後說「關係無法消滅孤寂，但可以幫助我們面對孤寂」，前提是，這必須是一段真誠而且互相交流的關係，當我們願意先放下自己的成見、開始願意用真實的自己靠近對方，雖然不一定能夠解決內心的孤寂，但至少會為這段關係的「以後」，創造更多可能的契機。

前言

我們擁有的究竟是愛，或是已經物化的愛？

每個人都是關係的生物。

即便擁有天縱之才，也無法孤獨地活在關係之外。

如同哲學家馬丁・布伯（Martin Buber）所說：「關係是一切的起源。」[1]

然而，人們從誕生開始，就必須面臨與這個世界分離的孤獨。「與世界和其他生命體分開的事實」，以及「與生俱來對群體連結的本能需求」，這兩者衝撞之下帶來的強烈孤寂感，無法消除，只能與之共處，但鮮有人能認清這點，於是拚命尋找各種能夠滌除孤寂的方式。

在當前鼓勵消費、鼓勵追求快感和獲利的社會氛圍下，這種不可避免的焦慮與不安，成為一種可以獲利的商機，人們亟欲快速消滅生活中各種限制帶來的負面感受，盡可能填滿無止盡的欲望黑洞，像是大量消費如網購或囤貨，可以帶給個人內心滿足感與安全感；或像是投入網路遊戲，可以透過簡單的練等或小額的課金，在虛擬世界獲得立即性的回饋，不需要經歷現實世界的等待與挫敗……。

周而復始，人們越來越習慣以物化的方式來處理各種情感性的問題，甚至將身邊所有關係物化也不覺有異，包括愛情、親情、友情以及任何與人際情感連結有關的層面。

人不再被當成有思想、有感受、有生命、有靈魂的生物，而是一種可以被壓榨獲利的商品、可以滿足個人與公司需求的商品。

長期處在這樣的環境下，有些極度渴求被愛的人，就會為了滿足被愛而物化自己，忽視自己的感受，將自己變成他人的附庸；而有些人則是利用這種心態來物化別人，眼裡只看到自己、關注自己，把對方當成自己舒緩寂寞的工具。

物化他人與物化自己的三大指標

「關係物化」指的是，在人際情境中，任何一方為了滿足欲望，無視自己或對方的感受，把人當成沒有情感的物品，採用損害彼此身心、權益或資源的方式，來達到預定目標的人際互動模式。

關係物化指的不僅是「物化他人」，或被「他人物化」，也包括個人因為自身的匱乏而忽略他人的貶抑、傷害與攻擊，進而「物化自己」。關係物化乃是雙方共同創造出來的產物。

無論關係物化展現在哪一種關係型態當中，包括愛情、友情、親情、人際以及與自我的關係等各種情境，都具備了三大指標：只關注自己、忽略他人、單向性，這也是用來檢視身邊關係的重要特徵。

一、只關注自己：物化他人者，只在意自己的利弊得失，並將之視為最優先的考量，而不管可能帶來的任何負面效應或對別人的傷害；物化自我者，則只在意自己的形象，為了經營自己在別人心中的形象而委屈求全，或者為了從別人身上獲得保護，不斷地犧牲自己、隱藏自己、傷害自己。

二、忽略他人：物化他人者，無視自己的作為對他人造成的任何傷害，即使知道這樣的傷害如果發生在自己身上，自己也不能接受，還是一意孤行；物化自我者，則無視他人對自己的關心、愛護及付出，做出危害自己的事情或自暴自棄。

三、單向性：物化他人者，不會隨著關係中另一方的回應做任何相應的調整，堅持要按照自己的想法行動，我行我素；物化自我者，則永遠以對方的想法和行動為主，貶低自己。

被接納勝過被保護？——翻轉的需求層次理論

心理學家亞伯拉罕．馬斯洛（Abraham H. Maslow）的需求層次理論（Maslow's Hierarchy of Needs）提及[2]，人們成長發展的內在動機是由需求所組成，而這些需求分別是生理需求（食物、水、睡眠、性欲等）、安全需求（人身安全、免於威脅等）、愛與隸屬需求（被接納、被愛護）、尊重需求（受人重視、維持個人價值）、自我實現需求（發揮潛能、達成個人理想境界）等五種。

原則上，人們會傾向優先滿足生理和安全需求，行有餘力，才會進一步追求其他的需要。然而社會認知神經科學家馬修・利伯曼（Matthew D. Lieberman）卻認為，需求層次理論的優先順序或許應該被翻轉[3]。

他透過大腦科學實驗證明，推動人們生活的優先需求或許並不是生理與安全，而是與人連結的渴望，也就是愛與隸屬的社會需求。

利伯曼發現，當人們什麼都不做的時候（不用工作、念書或執行任何任務的放空時刻），大腦內掌管人際連結的腦區就會一直處在活躍的狀態，反覆思考與人際有關的議題。同樣的現象，也可以在未諳世事的嬰兒身上觀察到。

也就是說，大腦在我們什麼事情都不做的時候，會自然啟動關注人際連結的預設網絡。各種科學實驗都證明，人際連結需求不僅是人類最渴望的基本需求，也是生存不可或缺的要件。

在人際上獲得滿足，包括被肯定、被接納所獲得的歸屬感所帶來的心理愉悅，後續引發的生理效應，等同於實質的藥物、食物對身體造成的正面影響。

同樣地，我們在人際上所經歷的那些看似抽象的挫折，例如被排擠、被責罵所帶來的心理痛苦，後續對身體造成的影響，亦等同於現實生活中實質的生理傷害。

利伯曼認為，許多我們以為的純粹心理活動，其實比我們所想的更為具體有形，因為所有心理活動都根植於大腦的生理歷程，而這些心理活動幾乎都跟人際連結脫離不了關係。

我們極度渴望獲得別人的正面評價，即便是面對完全陌生的人，還是很希望跟他們有正面的連結。

高知工科大學的社會認知神經科學家出馬圭世（Keise Izuma），在日本進行一項研究，證明了這個觀點[3]。他讓實驗參與者躺在大腦掃描儀中觀看不曾見過、也不曾想要認識的陌生人給的誇獎訊息。當參與者接收到這些訊息時，大腦中與獎賞系統有關的腦區便被啟動，這些腦區與參與者在完成任務、獲得金錢獎勵時所啟動的腦區是類似的。

實驗說明了人們不只易受旁人正向回饋的影響，而且大腦系統的獎賞部位對類似回饋的反應，也遠比想像中強烈許多。

因此，我們會用盡各種方法，來滿足人際渴望也就不足為奇了。不管是透過討好別人、矮化自己的屈從方式，或是攻擊別人、膨脹自己的自以為是，都是想要滿足本能上對連結的渴望，以獲得大腦在這些內建程式被滿足時所帶來的生理獎賞。

為了渴求被愛，寧願物化與被物化

小倩是身陷關係物化的典型例子。

她糾結於反覆劈腿、說謊的伴侶關係之中，每當她下定決心要結束關係，對方總是以甜言蜜語與威脅恐嚇並用的方式，留住小倩。

甜言蜜語的時候，男友會聲淚俱下，告訴小倩她才是自己的最愛，其他對象都只是一時意亂情迷、逢場作戲；威脅恐嚇的時候，男友會讓小倩知道自己一旦沒有了她就不能活，如果她真的堅持離開，那不如同歸於盡！

這種沉重卻熱切的宣告，讓小倩相信自己對男友而言真的不可或缺，儘管親朋好友苦口婆心，再三規勸要她分手，小倩依然相信男友會改變，最終一定會守在自己身邊。

為了維持伴侶關係，讓男友相信她對感情的堅貞，小倩搬離了原有的生活圈，疏遠了所有關心她的親朋好友。

小倩付出了一切，什麼都不剩。

最後，她只能獨自一人在這段有毒的關係中繼續飲鴆止渴，痛苦掙扎……

對於受困於有毒關係的小倩來說，最強烈的需要顯然並非生理與安全，而是被愛。

被愛、保有伴侶關係對小倩來說，遠勝於其他所有需要。

為此，她可以放棄家人與朋友，離開熟悉的家庭與工作，無視這些真正關愛她的人，也無視自己在關係中所受到的傷害，只為了獲得被愛的感覺，避免隻身一人的孤寂感，即便代價可能是自我毀滅也在所不惜。

小倩為了滿足內在對愛的匱乏，而忽略對方對她的傷害，兩人彼此都在這個單向性的互動中，共謀出一種日漸疏遠、互相損耗的關係型態。

我身邊還有些與小倩一樣，為了被愛而不惜代價的人，但他們展現了另一種有別於小倩的行為——透過不斷地更換伴侶來證明自己的價值，並引以為傲，對自己造成別人的傷害視而不見。小倩的男友便是如此，在關係當中為所欲為，完全不把小倩的感覺當一回事，傷害或攻擊是他們關係當中常見的互動模式。

在這種物化的關係之中，雙方都只是為了滿足自己的需要，而從未將對方當作一個有感情、有思考、會受傷的「人」看待，如此下去，只會日漸疏遠，明明置身關係之中卻產生更深刻的孤寂感，甚至因為這樣不健康的關係，將自身推向毀滅的深淵。

擺脫物化困境，從不健康的關係脫身

當為了牟利的謊言與假象漫天紛飛，各種光怪陸離的人際現象充斥生活，愛情、親情、友情、職場人際等幾乎全都變了調；當社會不斷鼓吹食衣住行育樂層面的享受，並將這樣的享受模式移植到人際連結的社會需求上時，會讓我們越來越容易忽略人性本質中那個充滿感情靈魂的存在，最後導致關係的扭曲、混亂與破滅，讓人與人的互動陷入互相耗竭與傷害之中。

本書列舉出幾種在愛情、友情、親情以及職場上常見、會導致身心耗竭的關係物化案例，案例取材自生活周遭常見的事件、社會新聞以及媒體報導等真實故事，經過大幅度的整合與改編，旨在呈現我們日常生活中常見的關係物化原型，並分析這些原型背後的起因。

這些分析以存在心理學與科學實驗為立基點，讓你在閱讀時能夠理解、辨識與思考，是哪些元素形成了這些不健康的物化關係，甚至核對目前讓自己所困擾的，是哪種物化原型的情境，並藉著每章文末的各種思考練習，讓自己免於陷入物化的關係之中，與所愛的人建立更純粹真誠的互動。

I

戀人關係的物化

愛情是從古至今，最扣人心弦的一種關係型態，
也是最令許多人神魂顛倒的一種關係型態。

愛情的美好，常讓人忘了自己，忘了對方，
沉浸在黏膩、不分你我的「我們」之中。

因為我愛你，所以你是我的；因為你愛我，所以我是你的。
這種不自覺將伴侶物化成商品的心態，將深深傷害了彼此。

因為我愛你，所以你可以放心做你自己；
因為你愛我，所以我可以放心做我自己；
分開獨處時，我們可以各自把自己照顧好；
見面相伴時，我們會因為互相關懷、分享生活而過得更好；
沒有誰是誰的，我們都屬於我們自己。

這才是真正能帶來滋養的愛情。

01

因為我愛你，所以你是我的

——用戀人補足失去的控制感

對冠俊來說，情人就是一體的，彼此是不可分割的存在。

「因為我愛妳，所以妳是我的。」冠俊深情地望著嘉瑩說，「妳身心靈的一切都是我的，所以妳去哪，都要向我報備，沒有我的允許，哪也不能去，這樣懂嗎？」

嘉瑩撫著因為被掌摑而火辣的臉頰，顫抖地回答：「懂。」

是什麼，讓這段原本看似浪漫的戀情，變成了醒不過來的惡夢？

逐漸扭曲的內在歷程

從「輕鬆的第一名」到「勉強的第一名」

冠俊從小就認為自己與眾不同，是特別傑出的存在。從小到國中，他總是班上的第一名，也是全校第一名，運動、課業都難不倒他，是學校的風雲人物，集所有光環於一身；畢業後，也在所有人的讚賞聲中，理所當然地進入第一志願高中就讀。

這段期間，他可說是志得意滿。身邊圍繞著眾多仰慕者，但他都沒放在眼裡，因為他高傲地認為自己跟他們屬於不同世界。他想要所有人都崇拜他，知道他有多麼出類拔萃。

進了高中以後，冠俊才發現人外有人、天外有天，他無法像從前一樣，輕而易舉就名列前茅，他必須非常努力，才能維持過去的明星光環。他對自己感到失望、挫敗，卻極力否認這些感覺，只是不斷告訴自己：「我是最強的，我可以的，我沒有問題的！」

他相信自己是天之驕子，只要他願意，仍然可以成為團體中最耀眼的一顆星。結果確實如此，在努力之下，他如願成為班上第一名、成為學校最大社團的社長，在運動場上也表現不俗。他想向自己證明，他沒有變，他跟從前一樣傑出，即使環境不同、對手更強，他還是最優秀的。

然而，看似風光的冠俊，此時內心其實非常疲憊。他很害怕被別人超越，也很害怕被別人搶了風采，畢竟班上同學遠比他想像中出色，稍不注意，隨時會從第一的寶座掉落，即使他表現不錯，但這時已無法像過去一樣，一直是大家矚目的唯一焦點了。

情感也要第一名

即使拚盡全力考進第一志願的大學，冠俊也發現了努力所無法彌補的落差。在高手如雲的系上，再怎麼埋頭苦讀，始終只能排到十名之外。

挫折感深深地啃噬著他的自尊。他無法接受這樣的自己，也否認這樣的事實，夜深人靜時，常常暗自啜泣。

他覺得好累，也覺得沒有人懂他。家人對他好，只是因為他表現優秀，讓家人有面子，可以在外面炫耀，一旦冠俊成績稍有退步，便動輒打罵；同學對他好，只是因為他可以在同學需要的時候提供幫忙，一旦沒有利用價值，就沒有人理他。

他覺得這個世界好假，每個人都是戴著假面具在生活著，包括他自己。

失去眾人掌聲的他，覺得好寂寞、好淒涼。

此時，冠俊注意到了品學兼優、才貌雙全的嘉瑩。她是全校不少男同學心儀的對象，如果能與嘉瑩交往，就能重新證明自己的卓越，找回「世界以自己為中心打轉」的感覺。因此，他千方百計地接近嘉瑩。

他事先查詢嘉瑩的課表、打探她的生活作息，再守在她上下課必經的路上，或打工的途中，創造多次不期而遇的巧合假象，藉機獻殷勤。

他會在嘉瑩打工下班時，提早在宿舍前站崗，送上熱騰騰的宵夜；也會在她清晨早課的教室外，遞上早餐；更會在她生病時，送上能夠補充維他命C的貼心熱飲。此外也常常主動打電話陪她聊天，指導她不擅長的學科報告，經過一連串的努力，的確達到了冠俊期待的結果——順利與嘉瑩成為男女朋友。

成為對方世界的第一名

冠俊認為，既然兩人已經是男女朋友，嘉瑩的世界就應該以自己為中心，分享GPS定位讓他掌握行蹤，最後甚至演變成要她隨傳隨到，如有延遲，就要求嘉瑩下跪道歉。

此外，每當事情不如冠俊的意，例如嘉瑩不在指定的時間將早餐送過來、沒空陪他看電影等，他就會瘋狂對嘉瑩吼叫，然後拿走嘉瑩的手機，將她反鎖在房間裡，不准她跟外界聯絡。

每當嘉瑩受不了，提出分手時，冠俊就會表現出自責萬分的樣子，發誓自己一定會誠心悔過、痛改前非，說這些行為都是出於對嘉瑩的愛，不是拿刀割腕自殘，就是撞牆撞到頭破血流，或是到高樓作勢向下跳、衝到馬路上企圖撞車⋯⋯。

嘉瑩害怕冠俊真的自殺，也認為冠俊真的對自己用情甚深、不能失去自己，所以一次又一次心軟留在關係中，但冠俊也只是一次又一次故態復萌，而且還變本加厲，從原先的自殘演變成對嘉瑩拳腳相向。

每次暴力過後，冠俊就會抱著傷痕累累的嘉瑩痛哭流涕，說他錯了，下次一定會悔改；但同時也威脅嘉瑩，說如果她敢再提分手，或告訴別人這一切，就會讓她徹底身敗名裂，還恐嚇要讓她見不到明天的太陽。

他告訴嘉瑩，有很多人想跟他在一起都被他拒絕，因此嘉瑩應該要為兩人交往感到榮幸，更要心懷感恩。貶低嘉瑩讓冠俊有種說不出的優越感。與嘉瑩交往之初，他只是想試試他究竟可以握有多少權力，在逐步試探嘉瑩的底線後，他發現嘉瑩溫順的個性可以任他予取予求。嘉瑩的害怕，更讓他覺得自己高高在上，可以支配一切，到後來，他甚至認為嘉瑩不過是他的附屬品，可以讓他為所欲為。

長期被冠俊羞辱的嘉瑩變得越來越沒有自信，也不敢對外求援，直到家人發現異狀，強制將嘉瑩帶離冠俊身邊，並對冠俊提起傷害告訴，才結束了嘉瑩長期以來的夢魘。

消除內在失落與焦慮的企圖

透過「融合」與「整併」他人尋求安全感

每個人終其一生，都在努力成為獨立的個體，不管是追求思想上、行為上或經濟上的獨立，都是為了讓自己擁有更多自主性，可以用喜歡的方式去生活。然而，這個過程是需要付出代價的——孤獨的代價。

因為，獨立代表我們要自己做決定，也要為所做的決定和後果負完全的責任，所以在某個程度上，我們必須放棄別人為自己承擔風險、保護自己的可能性，這意味著我們將自親朋好友身邊分離出來，成為「自己的父母」。當我們成為自己的父母時，隨之而來的便是深刻的寂寞感。

心理學家埃里希・佛洛姆（Erich Fromm）認為，追求自主的分離情境是引發所有焦慮的來源，分離意味著被切割開來，也意味著無助、意味著世界可以侵略我，但我卻沒有回應的能力，這會引起個體產生強烈的焦慮[1]。另一位心理學家奧托・蘭克（Otto Rank）也認為，人的心中存有一種原始的恐懼，是來自於面對「失去與更大整體的連結」時的焦慮，他認為「出生」就是生命恐懼的原型，是最初的創傷和分離[4]。

分離所帶來的焦慮，除了來自內在，也跟我們天生的大腦結構有關。

科學家為了證明我們天生渴望融入群體，進行了一場實驗。他們讓一群受試者躺在正子掃描儀（PET）中計算數學題目，每道數學題解題完成後，會讓受試者有幾秒的間隔停頓時間。科學家發現，在這幾秒的間隔時間中，大腦中負責處理人際議題的相關區域就會開始活化，而且活化情形與大腦長時間休息時相同。

這說明人類的大腦在不需要執行特定任務的閒置情境下，一有機會就隨時想到人際相關的議題，這是與生俱來的自動化反射系統，也就是說，大腦天生就預設為一個關心人際議題的網絡，讓我們能與其他人產生緊密的連結，藉此提高生存機會[3]。

也因此，當我們為了追求獨立，不得不與他人分開或自團體中脫離時，就會產生極大的不舒適感，這是很正常的，也是所有人都要學習面對的人生課題。但有些人為了否認孤獨所引發的不舒適，包括不想承擔脫離群體而來的各種個人風險、必須獨自面對決定的責任與後果等，就會採用「融合」別人的方式來因應[1]，藉由「把他人整併為自己的一部分」，或者「將自己的責任歸咎於他人」來尋求安全感，以消除內在的不舒適。

冠俊正是如此。

冠俊並不是因為欣賞嘉瑩的優點而展開追求，而是為了證明自己的卓越，重新找回「世界以自己為中心打轉」的優越感，才鎖定了品學才貌兼具的嘉瑩作為目標，這樣的起點，其實就已經是物化嘉瑩的開始。

而在追求過程中，冠俊以跟蹤嘉瑩的方式，創造出不期而遇的浪漫巧合，更充分顯示出他強烈的控制欲與不安全感，為了達到目的，可以不擇手段，完全不考慮嘉瑩的感受，這也預告了之後交往時出現各種的問題。

冠俊誤以為戀愛，就是要把對方綁在身邊，當成自己的所有物才代表甜蜜，殊不知他愛的其實不是對方，而是自己，他愛的是「對方可以隨時滿足自己」這件事。只要能滿足自己的目的，對象是誰都無所謂。他藉著把嘉瑩「整併為自己的一部分」，將無法滿足自我需求的責任歸咎給嘉瑩，來消解內心的不平衡。

去人性化、剝奪他人價值的心態

冠俊將嘉瑩當成附屬品的「去人性化心態」，為關係帶來了毀滅性的傷害。

史丹佛監獄實驗（Stanford prison experiment）說明了去人性化帶來的影響。

在這場實驗中，年輕的男性參與者被隨機分配為囚犯或獄卒，為了模擬真實的監獄情境，扮演囚犯和獄卒的人分別穿上囚服和制服，囚犯的名字被以編號取代，而獄卒則被賦予管理與懲罰囚犯的權力。

在權力不對等以及去除個體性的情境中，獄卒開始不把囚犯當人來看，而是把他們當成喪盡天良的次等人或動物來看，因此，實驗過程很快就出現了獄卒虐待囚犯的行為，由於虐待的情形越來越嚴重，導致扮演囚犯的人陸續崩潰，因而讓原本預定為期兩週的實驗，只執行了六天就提早結束。

實驗主持人菲利普．金巴多（Philip Zimbardo）教授，在實驗結束後，徹底檢討實驗失控的關鍵之一，就在於實驗情境中的去人性化——也就是剝奪個人存在的價值，將個人視為不具有與我們相同感覺、思想以及價值的「他者」。這導致了扮演獄卒的參與者，對同是實驗參與者的囚犯無情施虐[5]。

為了進一步了解去人性化的影響，金巴多進行了另一項實驗。他找來一群女大學生作為實驗參與者，告訴她們該實驗是為了研究壓力下的創意表現，因此需要使用電擊去對另外兩名受試者施壓。

這群參與者被分為兩組，實驗組的人，名字以編號取代，並穿上寬鬆的實驗袍掩飾外表；而對照組的人與實驗組唯一的差異，就在於他們必須使用真實姓名。

兩組參與者都被安置在單面鏡背後的單人房間內，彼此沒有任何互動。他們可以透過單面鏡看到兩名接受創意測試的女性和金巴多，其中一名女性被形容為和善，另外一名則被形容為不討人喜歡。進行電擊期間，參與者跟兩名受試者以及實驗主持人金巴多都沒有任何接觸。

只要有任何一名參與者按下電擊按鈕，被電擊的受試者就會展現痛苦的樣子（但她們實際上並沒有真的被電擊）。但參與者可以自行決定是否要聽從實驗者的指示，主動進行電擊；或不執行指示，只在一旁觀察其他人進行電擊。

為了讓參與者相信電擊確實會造成傷害，實驗前，每位參與者都會先體驗造成皮肉疼痛的七十五伏特電擊。實驗過程總共有二十道施測題目，他們可以自行決定是否進行電擊，以及電擊持續的時間。

實驗結果顯示，兩組中的所有人都按下了電擊按鈕，其中，實驗組的電擊次數是對照組的兩倍，而且實驗組對兩位受試者的電擊次數是一樣的，電擊時間也不斷增長，即使受試者扭曲身體、痛苦呻吟，他們依舊持續電擊。而對照組則較少對被形容為和善的受試者進行持續電擊。

金巴多認為，可以保持匿名的實驗組，電擊次數是非匿名對照組的兩倍，且他們不論對喜歡或討厭的受試者皆進行了相同次數與強度的電擊，表示這種匿名性改變了參與者的心態，讓他們以更加去人性化的方式看待受試者，而受試者痛苦的反應，似乎讓參與者的情緒更為高漲，因而不斷持續電擊。金巴多認為，這樣的反應並非出於想傷害他人的殘酷動機，而是因為參與者感受到自己對他人的支配和控制能力[5]。

當我們處在可以匿名對他人做出攻擊，而不需付出任何代價的情境時，我們會更容易去物化他人，無視對方的感受，而做出傷害個人的可怕行為；我們會失去理性與同理心，迷失在支配和控制他人的能力之中。這樣的情境會讓人誤以為自己是萬能的支配者。

正是因為冠俊這樣的支配者心態，才會造成了後續一連串的傷害。

找到「合適」的物化對象

冠俊知道嘉瑩溫順的個性，不會輕易向外洩漏在關係中發生的事情（匿名性），也不會對他的支配行為進行激烈的反抗或拒絕，冠俊不需對傷害嘉瑩付出任何相應的代價，這強化了冠俊在關係中的各種侵略舉動，讓他以為自己是關係中不可違逆的太上皇，他理所當然地認為，因為他愛嘉瑩，所以嘉瑩是他的所有物，一切都應該聽他的，於是更加肆無忌憚地傷害嘉瑩。

將嘉瑩整併為自己一部分的冠俊，沉浸在支配與控制的權力感之中，對於「人外有人的競爭壓力感」、「自己表現不如預期的失落感」以及「沒有人懂他的寂寞感、淒涼感」等，這些每個人在追求獨立的過程中，必然要歷練的感受與學習面對的問題，全都消融在他與嘉瑩的黏膩關係中，他只要專心成為嘉瑩的支配者，彷彿就能同時支配這些問題。嘉瑩被他當成處理自己焦慮的工具，是個名副其實的附屬品。

看見別人與自己，避免將關係「工具化」

接納自己的有限性

隨著時間成長，每個人終將離開家人遮風擋雨的羽翼，走進複雜的社會，面對獨立過程必經的各種挫敗與不如意。這些經歷都提醒著我們個人的不足與渺小。如果我們無法接納自己的有限性，誠實面對問題，並加以學習調整，很容易跟冠俊一樣，為了逃避問題，而將關係工具化，造成彼此的傷害。

冠俊錯失了及早面對這些問題的機會，如果他在高中時期，就能誠實面對自己的有限性，學習接納自己，就不會一直陷在第一名的漩渦中出不來，變成刺蝟般自傷傷人了。

看見別人跟自己一樣需要被了解

每個人都需要被理解、都跟自己一樣特別。如果冠俊能將焦點從自己身上移開，看見別人跟自己一樣，有同樣的感受、同樣的困惑，同樣需要被了解，他其實不需要也不可能當永遠的強者，然後重新調整自己的腳步，接受別人的關心，也主動去關心別人，他的視野自然就會打開，不致看不見除了自己之外的所有事物，而造成難以彌補的傷害。

↓如果你渴求成為永遠的第一名、成為感情上絕對的支配者……

＊認真努力，可以讓我們有機會取得學業成就（包含課業、運動、社團）上的第一名，但要取得學業成就的第一名，還有天賦、機運等無法完全操之在己的因素。

＊強迫自己控制無法操之在己的因素，永遠取得第一，等於是虐待自己。

＊很多學業成就以外的事情，無法計分，也無法排名。

＊要求自己對無法計分也無法排名的事情取得第一，是不合理的。就算取得了自認的第一，也不是真的，而是個人幻想。

＊無法善待自己、愛自己的人，也無法善待別人，愛別人。在這種狀態下勉強進入愛情，對彼此都是傷害。

＊訂立合理的目標，善待自己。

＊沒有任何人可以支配另一個人，可以被支配的只有物品。

＊每個人都很獨特，沒有人願意遭到無視。

＊想想自己被無視、傷害的感受。

＊承認錯誤，中止不健全的關係，停止對彼此的傷害。

↓如果你遇到原本很浪漫，但實際上是恐怖情人的對象……

＊不同生活圈者，不預期且頻繁出現時，請保持警覺。

＊未經過允許的跟蹤，不是浪漫，而是不尊重的窺探。

＊不輕易接受素不相識、突如其來、或關係疏遠者莫名獻殷勤（如送宵夜、請早餐、站崗、生病時送熱飲）。

＊與信任的朋友、家人、師長討論。

＊明確表達自己的想法與感受。

＊若對方出現控制與暴力傾向，立即尋求協助，漸進式拉開距離，終止關係。

＊遭受恐嚇、威脅、暴力時，切勿自責，因為沒有人有權這樣對待你，立即尋求警政、醫療專業、社會局的介入。

＊不要單獨面對恐怖情人，尋求各種可以協助自己的資源。

進入一段關係前的思考練習

當你決定投入一段感情前，或已經進入一段感情不久後，可以好好想一想：

一、我對眼前的人認識多少？我欣賞對方什麼地方？

二、我想跟對方在一起，是因為真的欣賞對方的本質？還是單純想要獲得戀愛的甜蜜感？

三、我們在一起時能否感覺到自在、放鬆且互相尊重？還是要小心翼翼？

四、在一起之後，我們的生活滿意度如何變化？是越來越高，還是越來越低？

五、我們是否能大方跟親朋好友分享對方的事情？

六、當雙方意見不同時，對方的反應是什麼？我的反應是什麼？我們是如何處理？

藉由這些問題，去了解雙方是否準備好要進入親密關係，並檢核關係中的互動狀態，同時提醒自己，戀愛是雙向成長的起點，而不是互相傷害的終點。在關係中，我們可以是相愛的群體，在關係外，我們也可以也是各自獨立的個體，沒有人是另外一方的所有物。

02

因為你愛我，所以我是你的

——用戀人證明自己的存在感

「你愛我嗎？」季花問眼前的這個男人。

「我愛妳，再也找不到像妳這麼棒的女人了！」男人伸出手，溫柔地撫摸季花的臉頰。

季花輕解羅衫，投入男人的懷裡。

她決定奉獻，包含身體、金錢還有她所擁有的一切，因為她相信這就是愛一個人的證明。

即便身邊的人已經勸阻她不知多少次，她依然選擇相信這些說愛她的男人們，一再陷入同樣的感情泥淖中。

是什麼，讓季花永遠看不清楚眼前的男人？

被愛才能證明自己的存在

緩解寂寞的心理支持

季花是電子商務公司的高階主管，工作能力強、辦事效率高，在同事眼中，沒有什麼事情難得倒她，是個十足的女強人；但季花的感情之路並不順遂，總是遇人不淑，讓旁人感到很納悶。

季花目前的交往對象，是公司業務部門的安保。

安保是個皮膚白皙的花美男，從小就不喜歡念書，用能混就混的心態度過了學生時代，也沒有培養任何一技之長。出社會後，主要以打零工維生，包括加油站的加油員、便利商店的短期店員、連鎖餐飲店的服務生以及保險業務員等等，每一個工作都不長久，常常換工作，現在的工作已經是他今年的第六份工作，而且還在三個月的試用階段。

季花在公司的新進人員會議上認識安保，兩人分屬不同部門，在工作上的交集不多，但安保在會議上的燦爛笑容卻讓她印象深刻，而安保也注意到這位年齡與他相仿，卻年紀輕輕就當上主管的季花。

有次，季花下班後到公司附近的餐廳吃飯，正好遇到了安保。有別於公司其他員工總對季花抱持著幾分敬畏，禮貌點頭後就離開，安保倒是大方地過去向季花打招呼，並詢問能否一起用餐。季花起初感到訝異，但也沒有拒絕。

安保非常健談，用一種老朋友的姿態跟季花閒聊，閒聊間，安保彷彿看穿了季花的寂寞心思，反覆對季花擔任主管職務的沉重壓力表達理解，同時也不斷稱讚季花的外貌以及內涵。季花在安保的柔情攻勢下瓦解了心防，兩個人很快就在一起了。

三個月期滿後，安保因為怠忽職守被公司開除，但安保卻告訴季花是他自己主動離開，還說他換了這麼多工作就是為了增加歷練，準備自行創業。許多同事知道兩人交往後，都曾勸阻過季花，說安保是個油嘴滑舌的騙子，工作期間不但常無故曠職，還會假借公司名義騙取客戶金錢，從事不當投資以中飽私囊。但季花覺得同事都不懂安保的理想，還是執意跟安保在一起。

離開公司後，安保開始用各種名義向季花借錢，一下說他需要創業資金，一下說要去上管理課程精進自己的能力，一下又說要禮聘優秀的合夥人，但事實上，他根本什麼都沒做，只是拿著季花的錢，過著無所事事的生活。

季花其實也知道，安保所講的都是空話，也知道安保常常會敷衍她。但對她來說，這些都不是最重要的，她不在乎安保是否事業有成，她在乎的是安保能不能理解她、提供她心理支持，而這些安保都做到了。季花覺得安保懂她、看見她的認真，更重要的是，安保會讚美她、肯定她，而這些，正是從小失去母愛的她最渴望的。

在季花很小的時候，母親就生病過世了，忙著工作的父親，將季花輪流託給不同的親戚照顧，使她從小就有種寄人籬下的疏離感，也知道這些親戚只是勉為其難地收留，根本不喜歡自己，因此她從小就有種被拋棄的感覺，不知道自己的家在哪裡。為了能夠早點獨立，不看人眼色，她力爭上游，很快就闖出自己的一片天。

安保的溫柔給她一種家的歸屬感，而她也知道安保需要他，因此她更不能棄安保於不顧。而且，她需要安保需要她，她覺得愛就是要包容對方，奉獻自己的一切，不管是金錢或是身體，只要對方需要的，她都可以給。她深知被拋棄的痛苦，因此她絕對不可能拋棄安保。

填補焦慮的美好假象

對安保來說，他與季花交往的目的主要是錢，其次是性。但交往之後，他覺得季花是個無趣的女人，只懂得工作，一點吸引力都沒有；他也感受到，季花其實不是真的愛他，而是需要他，畢竟有誰會真的喜歡像他這樣沒用的人呢？他與季花其實只是各取所需，如此而已。

金錢之外，安保在愛情中追求的是刺激的性。在跟季花交往的同時，他不斷地上網去徵求性伴侶，這提供他源源不絕的新鮮感與刺激感。

安保對性的渴望大概是在他成年以後，搬離原生家庭的時候開始。他是家中的長子，本來非常得寵，後來弟妹出生之後，被要求當弟妹的好榜樣，逼他要好好念書，但他對念書一向沒有興趣，再努力也完全沒有成果，加上弟妹的各方面表現遠比他優秀，於是他索性放棄，家人也在這個時候放棄了他，認為他不只不能成為榜樣，還做出了不好的示範，令家族蒙羞。

他覺得自己在家人眼中就是個廢物，決定成年後就搬出去獨自生活。一方面他不想承受家人的冷嘲熱諷，也不想成為家人的負擔；另一方面，他卻也覺得家人講的沒錯，相較於弟妹，自己就是個廢物，不但懶散、沒用，而且一事無成。每當獨處時，他就會有種莫名的焦慮，而他發現性可以有效舒緩焦慮，便開始上網到處尋找一夜情。

事實上，他過得並不快樂。他內心深處知道季花是個很好的對象，覺得自己配不上她，害怕季花會像家人一樣看不起他，於是不斷創造出虛幻浮誇的未來前景欺騙季花；而季花也害怕安保不再需要她，不敢戳破美好的假象，不敢坦誠地和安保討論關係中所面臨的問題。最後，兩人的關係在安保得了嚴重性病後，以分手告終。

季花繼續尋找下一個需要她照顧的男人；而安保康復過後，也繼續尋找下一個能滿足他欲望、紓解他焦慮的女性。

用美好的幻覺，彌補過去真實的痛苦

因支持與被支持而獲得愉悅

被愛是所有人都渴望的事，被愛不但讓人感覺愉悅，也能舒緩外在壓力造成的痛苦。

為了了解戀愛中的情侶，在面對生活挫折時，情感支持對個人身心的影響力，科學家找來了戀愛中的情侶進行實驗[3]。

當科學家對情侶中的女性施加痛苦刺激時，讓她看著男朋友的照片或者握著男朋友的手，痛苦都會減少，而看著照片減少痛苦的效果是握手的兩倍。這說明情感支持不只是抽象的內心感受，更對我們的生理運作產生實質的影響力，而且光是看到對方照片產生的效力，就能夠明顯減緩痛苦。

為了更深入了解提供情感支持者的身心變化，科學家做了另一個實驗。科學家讓情侶中的女性躺在核磁共振掃描儀（MRI）裡，並讓她們的男朋友待在掃描儀外面。當男朋友遭受到電擊時，如果女朋友能夠握住對方的手提供情感支持（相較於只是單純握住一顆球），這時她大腦中的獎賞系統就會啟動，讓她們在提供男朋友支持時，獲得滿足感。

這兩個實驗證明，在戀愛中，不管是提供情感支持的一方，或是接收到支持的一方，都會獲得身心上的滿足，這也是戀愛的美好與令人著迷之處。

除此之外，戀愛中的浪漫也會令寂寞不安的「我」消失在「我們」之中，降低我們對生活壓力或挫折的覺察度，覺察度下降時，會帶來欣慰愉悅的感受，就如同哲學家齊克果所說的，每增加一分的覺察，就會等比例地增加絕望——越有意識就會越絕望[1]。

因此，愛情在某個程度上，會藉由消除自我覺察，進一步為我們帶走生活上的不安，減緩來自四面八方的壓力感。對有些人來說，愛情，確實是一種麻痺生活挫折的有效工具。

用甜言蜜語逃躲現實的困境

甜言蜜語的魔力，讓季花不可自拔。

對這種魔力的需要，根植於我們的大腦。

科學家透過磁振造影等大腦掃描儀器發現，我們的大腦天生渴望別人的正向情感回饋。

為了了解正向情感回饋在人類大腦引起的變化，科學家讓受試者躺在磁振造影掃描儀裡，讓他們閱讀親朋好友寫給他們的信。其中一封信的內容是單純陳述事實的中性刺激（例如陳述受試者頭髮的顏色），另外一封信的內容則是流露情感的正向刺激（例如寫著「你是我身邊唯一一個關心我勝過關心你自己的人」）。

當受試者閱讀流露正向情感的信件時，會活化大腦中負責獎賞的「腹側紋狀體」（ventral striatal），該區域充滿了多巴胺（dopamine）受體，因此讓我們產生愉悅滿足的感覺，非常類似於吃了一球最喜歡的冰淇淋在大腦中引發的生理變化。

而當科學家要讓這些受試者出價購買這些有正向內容的信件時，有很高比例的受試者為了看看這些充滿正向情感的文字，願意退還參加研究所獲得的所有酬勞。研究者認為，對個人來說，知道自己受人喜愛所獲得的滿足，可能跟金錢帶來的滿足同等強大[3]。

這佐證了甜言蜜語對戀愛中的人所帶來的正向生理感受，等同於吃了喜愛的食物或物質上的實質獲利所帶來的幸福感，這會掩蓋了我們在現實環境中，對壓力與挫折的覺察，並成為我們逃避困境的工具。這也是為什麼很多像季花一樣的女性，明知對方並不是個理想的對象，只是把自己當成宿主的寄生蟲，吸取自己的養分和健康為食，明明謊話連篇，卻還是甘願身陷其中。

季花藉由與安保的戀情，來逃離童年的不愉快與現實的工作壓力，即使知道安保只是為了錢欺騙自己的感情，依然不願從這段戀情中抽身。事實上，這已經不是季花第一次遇到這種男朋友了，她之前交往過的對象，都跟安保很相似。安保這類型男性的甜言蜜語，對季花來說就像是一種解藥，將她從童年的不愉快與現實生活的壓力中解救出來。

把人當成提供刺激、轉移問題的工具

對安保來說，季花不過是個工具，或者是說，女性對他來說，都是工具——就是「有性器的東西」。他其實沒有真的想接近這些女性，只是想使用這些提供他刺激的「東西」，藉此轉移自己生活上的問題以及他對自己的恨意，同時不勞而獲，從她們那裡獲取生活所需的金錢。

安保把接近對方與利用對方的整個過程，視為理所當然，完全沒有自覺這些行為，對他人以及自己帶來的災難與傷害。

追尋真正的愛情，而不是追尋麻藥或解藥

認清眼前的是自己創造的幻象

每個人都有自己的困境需要面對，例如季花自小被拋棄、缺乏歸屬感的痛苦，或是安保向來一事無成的挫敗感；但在媒體、戲劇與網路的推波助瀾之下，許多人誤以為愛情是萬靈藥，因此在面對困境與焦慮時，都習慣把愛情拿來當作麻痺問題的解藥。縱然這個解藥可以提供暫時舒緩的功效，但我們內心深處會知道，其實問題並沒有消失，當我們將戀人當作麻藥而投身愛情中，其實並不是真的在跟對方建立關係，而是在跟自己創造的幻象互動，並從這幻象中獲得撫慰。

當下的犧牲已無法彌補過去的內在小孩

季花以為自己從戀情中獲得童年所欠缺的讚賞、肯定以及歸屬感，事實上，不過是迷失在安保虛偽褒獎所引起的大腦生理變化而已，除非她可以誠實面對，認知到她的童年已經過去，她當時所欠缺的再也回不來了，做什麼都沒有用，只能學習接納這些失落，然後轉身看見自己，肯定自己多年來的努力、欣賞自己的成就，放棄將愛情當作處理失落的工具，才有可能脫離不斷犧牲自己成為宿主，以換得歸屬感的循環模式。

傾聽內在焦慮

至於安保，則是需要回到內心，傾聽自己真實的聲音，停止那些會讓自己繼續感到羞辱的自暴自棄，以及停止將女性視為提供金錢與滿足性欲的販賣機，放棄將愛情作為寄生別人的工具，才能走出這種毀人自毀的循環模式，他必須正視自己的焦慮，重新學習面對現實問題的能力。

↓如果你常不斷尋求被愛，來逃離寂寞的深淵……

＊寂寞、失落是存在的一部分，每個人都必然會經歷。

＊允許自己低潮，接納這些感受。

＊肯定自己的努力，對自己好一點。

＊認清過去無法改變，但是未來可以，將心力放在「把自己的

未來過好」。

＊將愛情當成逃避工具時，你愛的並非對方，而是對方所提供的功能。

＊以逃避為前提的工具化關係，將吸引到同樣將你當作工具的對象。

＊多尋求親朋好友的意見，認清交往對象的真實樣貌，不要急著投入金錢與性。

＊交往是為了讓彼此過得更好，而不是為了麻痺寂寞。

＊常與對方溝通、討論彼此真實的想法與感受。

＊單身不必然代表寂寞，你可以從單身中找出過得自在、安好的方式。

↓如果你常不停藉由戀愛或性愛，來逃避焦慮的黑洞……

＊沒有真誠的戀愛與性愛，將對彼此造成身心的嚴重傷害。
＊立場互換，想想被人當成洩欲玩物的感受。
＊檢視這些行為對自我造成的負面觀感。
＊正視這些行為對另一方造成的傷害。
＊誠實面對自己曾做過的這些自暴自棄、自我羞辱、踐踏別人的行為。
＊停止這些行為與傷害。
＊檢視自己與原生家庭的關係、焦慮的根源。
＊思考如何改變與調整並加以行動。
＊必要時尋求心理諮商的專業協助。

當關係出現問題的思考練習

我們都不喜歡焦慮引發的身心緊張，但焦慮其實是最好的嚮導，可以引領我們走進個人問題的核心，因此當關係出現問題時，我們要回到內心，好好思考幾個問題：

一、在我戀愛中最常重複上演的情節與出現的問題是什麼？我的戀愛模式是什麼？

二、我在愛情中主要扮演什麼角色？另外一方扮演什麼角色？兩個角色如何互動？對關係的影響為何？

三、我有沒有哪些問題在戀愛時會消失，但沒戀愛時會出現的？我都怎麼處理這些問題？

四、我的戀人讓我想到哪些過去生活經驗中曾出現的人事物？我有沒有把戀人當成是過去經驗中某些人的替代品？

五、我有沒有明知和對方不適合，甚至在一起只是互相傷害，卻依然分不開的問題？這問題顯示出我自己內外在的哪些問題？

六、有沒有哪些問題是我沒有辦法處理，一定要由我的戀人才可以處理的？我有沒有把戀人當成是逃避處理這些問題的工具？我可以如何主動培養處理這些問題的能力？

戀愛是美好的，但戀愛也是互惠成長的過程，因此戀愛無法處理個人原有的深刻問題，這些問題在戀愛中只是暫時被掩蓋住，如果我們非得要透過戀愛中的「我們」才能感覺自己的完整，就得好好檢視，我們是不是不自覺地將對方當成逃避個人問題的工具？不是把對方當成跟我們有相同情緒感受的人，而是把對方當成一個具有某種利用價值，或提供我們想要的某種功能的「東西」？如果是這樣，那我們也將無法避免在戀愛中，被當成某種「東西」來對待，而這樣的愛情，雙方其實都只是在注視自己，跟自己的需要談戀愛而已。

03

伴侶只是條件化的商品

——用戀人展現自己的價值

志銘認為，伴侶就像商品一樣，要精挑細選，貨比三家，才能找到上品。

而要確認品質，最重要的就是要經過試用，用過才知好壞。

他列出理想情人的條件清單，到處尋找、試用及核對，最後終於找到滿意的對象，步入婚姻。然而，婚姻卻維繫不到一年就結束了。

是什麼，讓這段看似人人稱羨的天作之合，如此短暫？

訂製提升個人價值的「理想」伴侶

秤斤論兩、錙銖必較的擇偶過程

志銘可說是符合社會主流的標準理想伴侶，有著英俊挺拔的外表、豐厚的收入，以及顯赫的家世。他就像隻冶豔的花蝴蝶，遊走在愛情世界中，身邊的伴侶一個換過一個，從來沒有斷過。雖然身邊已經有眾多可供他選擇的對象，但他仍舊不停地參加各式各樣的聯誼，也央求親朋好友介紹對象給他。

志銘認為，婚姻是終身大事，要很謹慎地挑選，才能確保婚後的家庭幸福，在沒有結婚之前，同時認識多一點對象，才能有效率地從中選擇最好、最適合自己的人。他認為自己條件這麼好，絕對不能找一個各方面條件比自己差的，否則實在是太吃虧了，一定要找一個能夠為自己及生活全面加分，可以提升個人價值的伴侶。除此之外，伴侶一定也要懂得他是個多麼優秀的人，要足夠崇拜他，相信能和他在一起是多麼幸運的事情。

這種要求完美伴侶背後的心態，出自於一種上對下的自戀性格。由於志銘從小到大在各方面都表現卓越，獲得了來自父母、親友、師長及同儕的許多褒獎，因此他非常慣於享受眾人的讚許與掌聲，覺得自己非常優秀，比身邊多數的人都要傑出，這樣的優越感延續到感情上，變成了一種完全以自我為中心的物化思維，選擇伴侶對他來說，就跟選擇商品一樣，最重要的考量就是對方能否提升自己的價值。

多年的情場馳騁，閱人無數的志銘終於找到他覺得有八十分的對象，一位年輕、貌美、健康、任職於家族企業的千金小姐，身體狀況符合他優生學的理念，經濟狀況可以維持他婚後高品質生活的期待，碩士學歷、有個人想法等，也滿足他理想伴侶條件清單上的標準。雖然不是百分之百滿意，但他覺得應該是適合的對象了。

於是，他結婚了。

婚後的生活卻不如志銘的預期。他發現，妻子意見很多，不懂得傾聽，例如他認為家事該由女性負責，妻子卻希望可以共同分擔；他希望妻子婚前買的房子，在婚後可以變更為兩人共同持有，或是賣掉改買離他工作地點較近的房子，妻子卻不願意；他認為生活費應該要列出每一筆細項，然後兩個人共同均分，但妻子認為只要討論好誰負責支出哪一項費用，有困難時再互相支援就好，志銘卻總覺得他支出的費用多過於妻子；他認為妻子即使在家中還是要保持優雅，不該穿著邋遢，回家以後要能跟他討論專業的話題，或提供他工作上的建議，但妻子卻認為回家就是要放鬆，不用那麼拘謹，也不想一直談論嚴肅的議題……。

志銘覺得妻子斤斤計較，不夠重視他，甚至不把他當成家人，因為如果是家人，應該會接受他的意見，也會在乎他的感受，而妻子卻只在意自己，根本沒理解到她是多麼幸運，能和自己這樣優秀的人結婚。他覺得妻子不懂得珍惜。

因此結婚以來，志銘過得鬱鬱寡歡，他覺得妻子跟他原本的想像落差太大了，這段婚姻就像牢籠一般困住了他，妨礙他美好的人生。

不到一年，志銘就決定離婚了。

離婚後，他隱瞞自己離婚的過去，繼續尋找符合他理想伴侶條件清單的女性。他每天亂槍打鳥，同時搭訕好幾個他認為適合的對象。這個過程讓志銘重新找回自己的優越感，他感覺自己又活過來了，從那個不被重視的失敗婚姻中，重新活過來了。他非常享受挑選別人的過程，也從前段婚姻體認到，除非找到百分之百的完美情人，否則絕不輕易步入長久的伴侶關係，更不用說是結婚了。

小心翼翼、百般呵護的交往歷程

心瑀就是在這個時間點認識志銘的。

心瑀也有自己理想伴侶的條件清單，但她的清單很簡單，她只希望對方溫柔、幽默、願意花時間陪自己。志銘完全符合這些條件，因此她很快就陷入情網。她覺得志銘非常溫柔貼心，彷彿一眼就能看穿她的心事。

然而，志銘的行蹤經常飄忽不定，心瑀也隱約感覺得出來，志銘似乎有其他的對象，但她不敢多問，害怕更進一步細究的話，會破壞這得來不易的美好。她不想再回到自己吃飯、逛街、看電影的孤單生活，她想要寂寞時可以找到人陪，因此內心雖然糾結不安，卻不肯打破她與志銘的關係現狀，直到她越來越難找到志銘，過得越來越痛苦。

在幾個閨密的鼓勵下，心瑀試著想跟志銘說出自己內心的感受，討論關於將來的規劃。但她卻發現志銘越來越容易不耐煩，總是虛與委蛇，後來甚至徹底人間蒸發。

其實閨密很早就發現志銘不太對勁了，勸心瑀不要投入太多，但心瑀堅信志銘是真愛，全心全意地對待志銘，最後深陷情傷之中。

情傷中的心瑀反覆思量，為何她處處以志銘為主、遷就志銘，付出時間與心力，卻是真心換絕情？她無法理解，自己究竟做錯了什麼，志銘要這樣對她？

心瑀沒有留意到的是，其實志銘一開始就是這樣對她了。志銘曾說過，自己不想那麼快定下來，他沒有辦法給出任何承諾，現階段只想要過得快樂就好，將來的事情將來再說。因此從一開始，心瑀就壓抑著內心的不安，說服自己不要想那麼多，忽略自己的感受。她以為，只要順著志銘的意思，讓志銘感受到相處的愉快，就可以將志銘留在自己的身邊了。

心瑀在先前的戀愛經驗中學到，不要有太多自己的想法，否則很容易產生過多衝突，導致對方的反感。沒想到，這段戀情在她小心翼翼、百般呵護下，還是被迫結束，更為此深陷分手的痛苦中，久久不能自已。

表面的完美，究竟是理想還是幻想？

打動我們的是「感覺」，還是對方的「本質」？

每個人都會有自己理想伴侶的樣貌，不管是對外表或品行的期待、對家世背景的要求，或是工作性質與薪資條件等，都是評估對方是否為理想伴侶的常見標準。當某個符合部分期待的對象靠近時，可能就會讓我們怦然心動。

當心動的感覺產生時，其實就要小心了。要小心地檢視，自己究竟認識眼前這個人多少？是因為真的了解對方、欣賞對方的各項獨特性而動心？還是因為這個人滿足了我們從外界（電視、電影或網路）吸收的「伴侶」定義？滿足了我們理想伴侶的條件清單？……

當決定要一頭栽進愛情裡時，更要問問自己的內心：我是真的喜歡這個人，還是喜歡「戀愛」能夠提供的某種功能？我是為了有人陪、享受甜蜜感、享受被追求或被呵護的感覺，還是對方的本質真的打動了我？

理想的伴侶，就是要滿足個人需求？

志銘婚前以自我為中心的物化思維審視伴侶，到了婚後還是一樣。他理所當然地認為妻子應該多考慮他的感受、更應該要處處以他為主，完全沒想過妻子跟他一樣，是個有喜怒哀樂的獨立個體，他期待妻子照顧自己的需求，卻忽略妻子也有自己的需求要照顧，他純粹以思考物品價值的方式，去思考妻子、婚姻對他的價值。

當人們開始思考與人無關的非社會事物時，大腦中負責與人有關的社會性思維區域就會被抑制，因為大腦中處理非社會思維的神經網絡系統，與主管社會思維的神經網絡系統是不同的，兩者在運作時互有衝突，有如神經翹翹板的兩端，其中一端的活化，會降低另一端的活性，這樣的對立可能讓個人專注在非社會性問題時，能夠提高效率，卻也可能妨礙了我們思考時對人性需求的關注[3]。

志銘關閉了他大腦中負責思考與人有關的社會性思維系統，完全以非社會思維的模式——將人當成物品而非帶有情感的生命體，去審核妻子以及婚姻的可利用價值。這樣的模式充滿理性，卻也無情，不把眼前人的感受當一回事。

志銘唯一在乎的是，對方能不能成為提高他個人能力、生活品質，並為他養育出優秀下一代的工具。他想要的是一種能夠提供他所需功能的「現成關係」，但忽略了真正的關係是從兩人互動中慢慢「養成」的，關係就像孕育生命一樣，是個充滿一定程度未知的動態發展過程，而不是像被製成的商品一樣，是固定的、靜止的，是一種無生命且完全成形的物體。

理想的伴侶，就是要滿足對方需求？

心瑀把自己放在一個取悅志銘的物品位置，允許志銘隨心所欲地處理這段關係，最後也得到物品般的對待——用完就丟。但換個角度來看，她在某個程度上，其實也把志銘當成一種提供陪伴功能的物品，因為她沒有把志銘的想法納入經營關係的考量，而只是為了害怕衝突而逃避溝通，維持著表面上的親密。

或許是害怕再度被拋棄、害怕再度被孤單寂寞淹沒的各種焦慮感交雜在一起，讓心瑀與志銘一樣，選擇關閉了與人性有關的社會思維，說服自己不必去在意志銘遊戲人間的態度，以免失去了一個這麼符合自己需求，同時也符合社會主流價值的理想伴侶，那就太過可惜了。

理想伴侶不是既存的，而是養成的

重視關係中的雙向性

雙向交流是關係中最重要的，不管是志銘，還是心瑀，都忽略了這一點。

當我們只在意對方能否提供某種我們需要的功能（志銘需要

能提升生活品質功能的對象，心瑪則需要能夠提供陪伴功能的對象），就會容易將其他人視為某種性質固定、逐漸折舊的物品，而忽略了真正真誠的關係是互相的。

如同哲學家布伯所說，兩個人會在關係中重新創造自己，「我」會因為關係中與「你」的交會而改變，「你」也會因為與「我」的互動而有所不同。也因此，真實的關係，是要適度放下對他人符合自己要求的期待，認真地傾聽對方，讓自己能在他人的回應中，不斷調整[1]。

這樣有來有往的雙向成長，才能讓關係中的兩人彼此滋養，而不是陷入一種商品功能終將用盡、而不斷耗竭彼此的狀態。

跳脫物化伴侶的思維

每個人當然都可以有理想伴侶的標準，但要注意的是，這些標準不能純粹以利益自己的物化思維來建立，當我們完全只用審視商品的角度去檢視另一個人，是否符合自己的清單標準，而不考量對方的感受、想法及回應，抹煞了兩個人討論或合作可以創造的可能性，最後必然也要承受別人用相同的標準來衡量自己，而這樣的關係，是具有傷害性的，也很難長久維持。

↓如果你經常在檢核對方是否符合理想清單的每一項、並過分放大不符合的項目……

＊先請親朋好友檢核一下你是否符合理想清單的每一項。

＊每個人都是獨立的個體，有自己的想法和感受，不是任何人的附屬品。

＊所有人都跟你一樣特別。

＊沒有人應該永遠犧牲自己，成就對方。

＊關係是互相尊重，要盡可能討論出彼此都能接受的共識。

＊檢討別人前，先檢討自己這種「總是先檢討別人」的心態以及作為。

＊想想被檢討時受傷的感受。

＊停止傷害別人的行為。

＊正視自己的問題。

↓如果你常常委曲求全、討好對方，又怕坦白溝通會破壞現有的關係……

＊無法表達自己真實感受的不對等關係無法長久。

＊不斷犧牲自己，既無法維繫關係，也會傷害自己。

＊適時表達自己的想法與感受，例如心瑀可以坦誠與志銘討論：「我很珍惜相處的時光，也很想跟你分享心情，但常常

聯絡不到你，也很少聽你聊到自己的事情，我內心很不安，不知你怎麼看待我們的關係？你願意一起努力，找出問題，調整彼此，讓關係一直走下去嗎？」

＊當對方不尊重、不予回應、不珍惜這段關係時，不要任由對方傷害自己，勇於結束關係。

＊尋求親朋好友的支持。

尋找理想情人的思考練習

當我們建立理想伴侶的標準時，要先想一想：

一、這些標準怎麼來的（根據自己、他人的經驗，或是戲劇裡演的）？

二、這些標準對關係的影響是什麼？

三、當情人知道自己被用這些標準審視時，會有什麼感受？

四、符合這些標準的人，對關係的期待可能會是什麼？

五、我認為關係中最重要的是什麼？

六、我符合這些清單標準中的哪些部分？

七、當對方也用自己清單上的標準來期待或要求我時，我的感受是什麼？

八、我渴望從關係中獲得什麼？對方可望從關係中獲得什麼？我們對關係的共識是什麼？

藉由這些省思的過程，提醒自己，伴侶不該被當成商品，伴侶跟我們一樣，是有血有肉、有喜怒哀樂的獨立個體；關係不該被當成一種純粹讓我們勾選是否符合條件、單向滿足我們需求的商品，關係是一種類似生命發展的過程，一種「我」眼中有「你」，「你」眼中有「我」，互相投入，互相改變、重新創造彼此的過程。

II

人際與職場關係的物化

在日常的人際、團體與職場中，
人們渴望都受到重視與拔擢，
因此戮力爭取表現，只求一個被看見的機會。

然而，這些場域卻不乏一些刺耳的聲音——
我這麼優秀，你憑什麼跟我平起平坐？
我這麼照顧你，你怎麼可以不聽我的？
這些現實的踐踏，讓每一次的互動都只剩下傷害……。

雖然優勢、專業、職階不同，但我們都一樣獨特；
沒有誰在誰之下，我們彼此照顧，互相支援；
我希望你認為我值得信任，我也相信你值得信任。
沒有秤斤論兩的利益，才能為關係帶來助力。

04

我這麼優秀，你憑什麼跟我平起平坐？

——用排擠爭取眾人目光

眾人眼中的暖男恩知，接起多年好友明懿的電話時，卻用一種比對陌生人還冷酷的語氣說：「我本來就沒有提供資料給你的義務。」沒等對方講完話，他就逕自掛了電話。

他心想：「室友又怎樣，同班又怎樣，認識多年又怎樣，少自以為跟我很熟，我從來沒把你當朋友過，你這討人厭的傢伙！」

是什麼，讓這段旁人眼中難得的深厚友誼，變成了仇恨與敵意？

追求不凡，卻無法接受他人也同樣不凡

舞台之上的惺惺相惜

恩知從小到大，無論在課業、社團或運動各方面都獨占鰲頭，是典型的風雲人物，進入大學後更是永遠的第一名，眾人的讚賞對他來說早已習以為常。早在正式入學前，他就以明星高中榜首的身分接受新聞專訪，許多同學在開學前，就已經在媒體上認識了恩知。進了大學後，他認為沒有人足以在專業或任何層面超越他、威脅他，唯獨明懿是他無法掌握的異數。

相較於恩知，明懿從小表現普通，沒有任何過人耀眼之處，所念高中也是排名後段，卻以黑馬之姿考進同一所明星大學。上了大學後，明懿也維持著低調沉穩的個性，經常獨來獨往，各方面也都表現平平。但他在關鍵時刻，卻常常有驚人表現，例如在

號稱當鋪的大刀教授課程上，不但以遠低於及格標準的時間完成教授指定的困難實作，更獲得從不稱讚學生的大刀教授開金口讚賞；他也曾在哲學思辨的課程上，提出前所未有的獨特見解，讓包括教授在內的所有人為之震撼。這樣的明懿雖然不愛出風頭，在班上依然受歡迎，是許多同學言談間稱許的對象，有問題也爭相拜託明懿幫忙。

恩知非常嫉妒明懿，認為這個三流高中畢業的室友，憑什麼搶了他的風采？偏偏兩人又被分在同一個寢室，成為室友，而且還同班，不想見到他都難。在意個人形象的恩知，縱然心裡對明懿有諸多不滿，依然裝出非常欣賞明懿的樣子，讓眾人以為他們是無話不談的好朋友，這種英雄惜英雄的畫面，更讓外界對兩人的組合有極高的評價。

舞台之下的明槍暗箭

事實上，恩知常常在心裡盤算如何排擠明懿：用各種方式干擾明懿早睡早起的作息、在背後說明懿的壞話、將困難的報告章節分給他……等等。

反觀明懿，他把恩知當成好朋友，對恩知或明或暗的排擠行為毫無防備，也全不介意，他認為恩知就是個勤奮、優秀、有主見的好同學、好室友，也是他最要好的朋友，那些不利他的傳言，他只當成同學間的玩笑，一點都沒放在心上。

畢業前，恩知提早考上了難度極高的專業證照及知名公司的職缺，成了班上第一個還沒畢業就獲得專業證照加冕以及工作機會的人，為此，他感到非常得意。他主動在沒有邀約明懿的系上聚會宣布這個好消息。而明懿是在事件過後好一陣子才從其他同學那邊得知。

「恩知！恭喜你考上！」得知消息的第一時間，明懿當面向恩知恭賀，他覺得恩知的表現實至名歸，也真心地祝福他。

「嗯嗯！謝謝！」恩知露出燦爛的笑容，若無其事地回應。他心裡非常痛快，因為此刻，他藉著讓明懿成為最後一個知情的人，再一次成功地排擠了明懿，享受眾人景仰的目光；更重要的是，他終於把明懿遠遠拋在後頭，讓他望塵莫及了。

隔了一年，明懿在準備專業證照與工作的考試時，打了通電話給恩知，想要詢問他手邊是否有相關的資料可供參考。恩知告訴明懿，他當年是在完全沒有任何準備的狀態之下應考，全靠平時點滴累積而成的實力，因此沒有任何資料可以提供給他，只給了明懿一張他個人引以為傲的履歷表，說他是憑這些資歷受到青睞的。事實上，他只是想透過這張履歷表，炫耀自己有多麼優秀，讓明懿知道自己遠不如他。

同一時間，恩知卻為班上同學以及學弟妹辦理了專業證照與求職考試的免費講座，提供了許多他自己蒐集的考古題、資料以及私人筆記，大方公開自己的準備祕訣，也告訴大家可以免費影印筆記，不用擔心版權問題，因而獲得了眾人的讚賞，知名度大開，沒多久，許多學校、相關機構爭相邀請他演講相關主題，他也開始辦理收費工作坊，名利雙收。

這些事情，明懿也是事後才知道。明懿打了通電話給恩知，詢問為何當年他說手邊沒有任何資料能夠提供，恩知只冷冷地回應：「反正你後來也考上了，況且我本來就沒有提供資料給你的義務。」

講完之後，不等明懿回應，就迅速掛上電話。

事件過後的同學會上，恩知依然表現得若無其事，熱情主動地和明懿攀談，營造兩人交情匪淺的形象，卻還是常在背後講明懿的壞話，趁機排擠他。

認識多年，明懿其實或多或少察覺恩知的惡意，但他本著朋友互相包容的心態，始終不以為意，直到準備考試的事情，他才正視到恩知其實完全不把自己當朋友，只是想利用自己在眾人面前的好形象，獲得眾人的目光，最後決定斷開這自欺欺人的友誼，不再與恩知往來。

把他人當成爭取目光的絆腳石或墊腳石

對非凡的過分渴望

我們都希望自己獨一無二、無可取代，擁有與眾不同的特殊價值，這能讓個人充滿能量和自信。然而，從基本的生物觀點來看，其實所有人都一樣，不管是出生自何種家世背景、從事何種職業、如何天賦異稟，都逃不過生老病死，最終塵封大地的結局。

從這個角度來看，我們其實和別人沒有不同，只是個人會在潛意識中，拒絕承認自己跟他人一樣平凡，因為多數人在沒有自理能力的嬰兒時期，父母會細心照料我們，肚子餓了，自然會有食物送上門；感覺冷了，自然就會有衣物添加在身上；不舒服時，就會有人抱起我們安撫，這些經歷，會讓人誤以為自己是世界運轉的中心，這種自我中心感，會留存在潛意識的深處，延續一生，一旦承認自身的平凡，就會產生一種隱微的毀滅感。因此人終其一生，都在「追求自己的卓越不凡」與「接受自己跟他人同樣平凡」的衝突中，努力找到平衡點。

但對某些人來說，承認自己跟他人有共通的平凡之處，等同世界末日，因此，凡是可能勝過自己的人，對他們來說都是威脅，如果不加以貶低或打壓，自身的優越性就會受到嚴重危害，毀滅也將隨之而來。

恩知正是如此。為了證明自己的非凡，他需要在人群中不斷尋找可以被他貶低的對象，來凸顯自己。對他來說，壓低別人，就是讓他自己變得更高的方法，他忽視了明懿作為一個人的主體性，在他眼中，他只是絆腳石或墊腳石那樣的存在罷了。

把他人的讚賞當成養分

在遇到明懿之前，恩知接收了來自他人大量的正面肯定，他吸收了這些訊息後，將之轉化成極高的自我評價，構築出唯我獨尊的世界觀；而明懿的出現，動搖了恩知的唯我獨尊，削弱了個人的獨特性，讓他賴以為生的養分——各方的讚譽，硬生生遭到瓜分，威脅了他的內在自我。

自我這個私密的內在寶箱，看似僅擁有開啟權限的個人才能接觸得到，但實際上，外界對這寶箱具有強烈的穿透力。我們看待自我的方式，常常是由別人的回饋累積而來。換言之，我們常不自覺地將「別人怎麼看待我」，視為「我怎麼看待自己」。科學家的研究證明了這點。

為了了解個人的自我評估是如何運作的，科學家找來一群青少年與成人參與研究。結果發現，當青少年在思考「自己是個怎樣的人」時，大腦內側前額葉皮質與顳頂交界區的心智系統有強烈的活化情形，而這些區域通常是成人在思考「別人認為我是個怎樣的人」時才會強烈活化的區域[3]。

這結果說明，當青少年在思考「自己是個怎樣的人」時，其實是在想「別人認為我是怎樣的人」，換言之，青少年的自我評價，其實是由別人的評價所組成，相較於成人，青少年對自己的觀感，主要建立在別人對他的觀感，因此往往會想從別人身上獲取內在對自己的認可，而要得到別人認可最簡單的方式，就是透過競爭、比較，只要能在團體中贏過別人，就能獲得注目，從中吸收自信的養分，進而奠定個人在成年時期對自我正面的穩定看法。

恩知的自我概念就是這樣形成的。青少年時期的他，是同儕競爭中的常勝軍，慣於獨占周遭的讚賞，因此當明懿分走他習以為常的掌聲，而威脅到他個人的獨特性時，便對明懿產生了強烈的敵意。為了保護內在自我的養分來源，恩知展開了攻擊。只要是可能會掩蓋他鋒芒、搶走他舞台的人，都是敵人、都是攻擊的對象。

心理學家蘭克曾說：「自我的死亡恐懼會因殺戮、犧牲別人而減輕；透過別人的死亡使自己免於垂死的刑罰。」[4]

恩知正是透過攻擊明懿，來逃避自身的焦慮，拒絕承認個人無法成為永遠第一的事實，將他人視為只能屈居自己腳下、成就自己的工具，即使走了一個明懿，還會有下一個明懿，只要他無法接受自己的限制，終其一生，恩知都會將身邊能力比他優越的人視為威脅而進行攻擊，而能力不如他的人，則將被視為他炫耀舞台下貢獻掌聲、供他吸取能量的工具；他將一直活在追求被崇拜的束縛之中，無法真正看見他人，耗竭心力在虛偽的人際之中而無所覺察，忘了自己在本質上，跟他人其實沒有什麼不同。

社交排擠猶如受到實質性的生理傷害

恩知的排擠手段高明，表面上裝作與明懿是好朋友，打進明懿的生活圈，實際上一方面是為了展現自己的大方，一方面是要取得這些人的信任後，趁機破壞他的形象，讓眾人疏遠他而親近自己。恩知在明懿背後對共同朋友隱微的耳語，既非嚴詞苛責羞辱，也非肢體衝突霸凌，看似無足輕重，卻造成了重大的傷害，這傷害對大腦來說，等同於實質的生理傷害。

科學家的虛擬擲球研究證實了這點。

科學家找來研究參與者，讓他們躺在功能性磁振造影掃描儀中，和另外兩位虛擬數位化身玩互相擲球的遊戲，參與者並不知道和他玩球的是虛擬化身，以為他們都是參與實驗的真人。科學家告訴參與者，研究想要了解的是大腦在執行像是丟球這種簡單行動時，彼此是如何協調，而非該實驗真正的研究目的——觀察大腦在遭到排斥時的反應。

參與者和兩位虛擬化身玩了幾分鐘的丟球遊戲後，突然發現到沒有人要再丟球給他，接著，就被研究者帶到別的場地訪談。參與者談到在掃描儀中被排斥經驗的感受時，表示非常憤怒與傷心。科學家事後分析參與者在掃描儀的數據後發現，當參與者因為被排斥而感到的社交焦慮越高，大腦中的背側扣帶皮質活化度也會跟著升高，而這個結果，與研究生理痛苦的實驗結果相同。也就是說，被排擠的不舒服感在大腦中引起的效應，和生理痛苦感受引起的效應相同，都會活化背側扣帶皮質。對大腦來說，社交上被排擠就如同生理上實質受到傷害一樣[3]。

其實一直以來，明懿都些微感受到恩知的排擠，但為了維持團體的和諧，忽視恩知的貶低，否認受傷，以求取被恩知主導的團體所接納，不斷扮演恩知的墊腳石，成為他在團體中抬高自己身價的工具。然而，他的犧牲並未換來恩知的反省，只是讓恩知食髓知味、得寸進尺，最後受傷沉重。

壓低他人，不會讓自己變得更高

認清每個人都同樣獨特，貶低別人並無助於自己的優秀

每個人都希望自己是獨一無二的，也都希望爭取別人的認可，而當這樣的欲望變得過度強烈時，便會不自覺想要貶低他人來獲得

關注，或是想要借助他人的好形象來獲得關注，就像恩知一樣。不管是哪一種，都是把人當成提供某種功能的工具，而這樣的工具性關係，注定對彼此造成傷害。

因此我們要能夠認清，每個人都跟我們同樣獨特，貶低別人不但無法證明自己的優秀，反而會顯示出個人的狹隘。調整心態與做法，建立一個真誠的互動模式，讓彼此都能在關係中成長。

理解貶低造成的傷害，等同於實質的生理傷害

貶低不是一種抽象、不痛不癢的口頭言語，而是一種會造成對方身心傷害的可怕攻擊，關係越親近的人，所造成的傷害會越大。貶低他人雖會為個人帶來一種短暫的優越感，但這種優越不是真的，只有留下的傷害是真的。

↓如果你基於對「不如別人」的恐懼，不自覺地會想貶低他人……

＊刻意貶低他人，可能代表忌妒對方。
＊承認忌妒的感受，理解這是人之常情，並接納這種不舒服的感受。
＊理解貶低別人無法彰顯自身價值。
＊認清承認對方的優點並不會減損個人價值。
＊學習對方的優點。
＊想想被貶低的感受，停止貶低對方。

↓如果你感受到旁人的排擠與惡意，卻不知道該如何是好……

＊誠實面對被壓迫的不舒服。
＊明確向壓迫者表達感受，請對方停止這樣的行為，例如明懿

可以直接告訴恩知：「你在背後說我壞話，散播非事實的謠言，讓我覺得不舒服，也破壞我跟他人的關係，希望你能停止。」

＊主動澄清不實謠言。
＊檢視與壓迫者關係中的對等性。
＊離開無法對等尊重的關係。

與他人真誠共處的思考練習

藉由以下幾個問題，我們可以檢視自己在關係中的位置，以及在團體裡扮演的角色：

一、當我看到團體中表現與我旗鼓相當、甚至比我優越的人，我有什麼想法？貶低對方，還是崇拜對方，或是想向對方學習？與他相處時的心情如何？是忌妒、憤怒，還是羨慕、喜悅或佩服？

二、當我看到團體中表現不如我的人，我有什麼想法？想要指導對方，還是同情對方，或是不太想與之為伍？與他相處時的心情如何？是高興、平常心，或是輕視？

三、我在團體中最常扮演什麼角色？領導者、追隨者、應聲蟲、傾聽者，還是支持者？

四、我和朋友互動的模式是什麼？主動熱情，還是被動依賴？互相支持，還是互相嗆聲？有事才想起對方可以幫忙，或者平日就常常互相關心？

五、對於朋友的特質、能力以及各方面，我了解多少？我如何看待這些？我如何與對方互動？

六、對於我的特質與能力，朋友了解多少？對方如何與我互動？

如果我們期待被真誠對待，就要先問問自己，有沒有真誠對待他人，如果別人長期以來，總是以讓我們不舒服的方式對待我們，我們也要想想自己是如何回應對方的攻擊，畢竟別人對待我們的方式，常常跟我們的回應方式有關；別人有時候怎麼對我們，其實是我們教他的。

一段能夠互相滋養的關係，必定是雙向成長，而非單向的工具性利用。

05

我這麼照顧你，你怎麼可以不聽我的？

——用討好搏得影響力

「前輩好，我是亮亮，請多指教！」亮亮九十度鞠躬。

「妳放心，辦公室的人都很好，有什麼事都可以問前輩我，我會幫妳的！」玲玲親切地回應。

看著玲玲熱情的笑容，亮亮開心地說：「能進到這裡真好，有這麼棒的工作環境，跟這麼棒的前輩，我真是太幸運了！我一定會全力以赴的！」

看著眼前畢恭畢敬的亮亮，玲玲有種說不出的快慰。她心想：「當初我怎麼被欺負的，妳就應該怎麼被欺負，新人就該有新人的樣子……」

是什麼，讓這段曾經形同姊妹的緊密關係，變成了形同陌路？

四處結盟的八面玲瓏

討好別人以獲得保護

玲玲在一間跨國外商公司工作，公司的福利待遇優渥，她非常珍惜這份工作，因此極力爭取表現機會，期望能在公司裡一路平步青雲。

在其他人眼中，玲玲不僅工作能力強、態度積極認真，更重要的是個性圓融、人緣極佳，不僅是上級眼中的潛力部屬，也和其他資深員工情同姊妹，無論是部門內部合作或跨部門的溝通協調，幾乎只要玲玲出馬就能完美解決。

事實上，玲玲其實並不像表面那麼有自信，也很害怕勢單力薄的感覺，因此她到新環境的生存策略就是討好，她會先判斷哪些人在團體中較有權力、能力較強，努力討好這些人，取得他們的認同，成為團體的一員。她認為在職場上，擁有能和自己站同一邊的盟友很重要，這樣在有困難或需要的時候，才會有人跳出來幫忙或幫自己講話。

因此，她很努力經營辦公室的關係，一些強勢敢言的資深員工或職等較高的同事，都是她結盟最重要的對象。而那些弱勢、沉默或位階較低的同事，雖然不是她結盟的對象，她心底也偷偷看不起這些人，但她還是會主動向對方施捨一些善意，好讓這些人在需要的時候可以聽話，同時維持她待人和善的形象，讓大家都喜歡她。

享受被討好以獲得操控權

亮亮比玲玲晚了一年進入公司，一如玲玲向來的策略，她對剛進來的亮亮非常照顧，亮亮因此非常信任玲玲，把自己生活以及工作上的大小事都告訴她。

玲玲發現亮亮很好使喚，她說什麼亮亮都會相信，她很享受這種受人崇拜的感覺，畢竟她為了在短時間內取得影響力，花了許多心力去討好那些工作上可能為她帶來益處的人，耗損了很多能量，身心俱疲。

對玲玲來說，亮亮這樣的新人，就是她展現權力最好的舞台。

雖然兩人的工作職等與內容相同，但玲玲會主導亮亮的工作，要求亮亮應該要依照她的方式去執行，也會私自聯繫原本屬於亮亮的客戶，搶走原本屬於亮亮的業績。此外，她也會美其名要協助亮亮更快上手，實質上卻使喚亮亮去完成自己該做的工作，完成後還會挑剔亮亮哪裡做得不好，指示亮亮該如何改進。

為了在已經拉攏的資深團體裡展現影響力，玲玲不僅經常分享她帶領亮亮學習的過程，還會將亮亮私下告訴她的心事傳播出去，事後再佯裝無辜地向亮亮道歉，說這些事就算公開也無傷大雅，並且再三強調她是無心的，說自己一直把她當好姊妹，純粹是想要幫亮亮徵詢他人意見。

久而久之，亮亮對玲玲從原先的崇拜，變得開始產生疙瘩，但她又說不上來是哪裡出了問題。她告訴自己不要太在意，畢竟玲玲人緣好、吃得開，又願意對她這個新人這麼好，應該不會是個壞人。如果相處上有什麼不愉快，一定不是玲玲的問題，而是自己的問題，是自己心胸狹隘，太過計較。

亮亮跟玲玲相處越久，越覺得自己什麼都做不好，玲玲也常常有意無意指出亮亮的專業能力有問題，說她常常在亮亮不知情的狀況下，幫她收拾爛攤子，並要亮亮把一些重要的案子讓出來交給她負責。日復一日的貶抑、命令及責備，讓亮亮越來越沒自信、越來越憂鬱，身體也越來越不好。

察覺到這點的亮亮，不敢直接跟玲玲撕破臉，只能逐漸減少跟玲玲的接觸，也不再對玲玲百依百順、任她予取予求，不再跟她有任何私人的互動，而是把全部心力放在工作上。她體悟到，唯唯諾諾得不到別人的尊重，她該做的是不貶低別人，但也不刻意討好任何人。

拋開了玲玲的影響，亮亮的工作表現越來越受上級肯定。玲玲看在眼裡很不是滋味，對亮亮產生滿滿的敵意，但忌憚亮亮的能力與日益壯大的影響力，便開始討好亮亮，想要再次拉近跟亮亮的距離。然而亮亮卻只跟玲玲維持工作上的必要接觸，拒絕與玲玲有任何工作以外的交集。

玲玲開始覺得非常焦慮，焦慮來自於內心的衝突——一方面她厭惡亮亮，認為亮亮搶走了她的舞台與掌聲；另一方面，不安全感讓她在現實層面上又不得不去討好亮亮，她害怕自己被亮亮排擠，成了辦公室的邊緣人，孤立無援，即使亮亮完全沒有這樣的想法，她依然不斷假想自己可能會被所有同事遺棄，同事可能會在私底下聯合起來攻擊她，就像她當初聯合其他人攻擊亮亮一樣。玲玲就此陷入嚴重的憂鬱中，到後來甚至無法正常工作。於是她在公司的建議下，辦理了留職停薪，專心養病。

靠成為他人的一部分來緩解焦慮

對自由的焦慮

心理學家佛洛姆認為，當人們取得更多自由之後，會感受到更多的寂寞、疏離以及無意義，相對地，較少的自由，卻能帶來較多歸屬感和安全感[6]。

他注意到人類有別於受行為本能生物機制所支配的動物，不但具有覺知本身及所屬世界的自我意識，還能透過學習和想像，不斷累積過去知識，並將自己投射到未來。這樣的自覺、理性與想像力，使人類變異為宇宙的奇物，雖然屬於自然界的一部分，無法改變自然法則並受制於其中，但在某些能力上卻凌駕於自然界的其他部分，這樣屬於自然卻又凌駕自然的矛盾狀態，使人從與自然的融合情境中被迫脫離出來，這造成了人類在某種意義上，是無家可歸的孤立狀態[7]。

自由與安全的兩難矛盾，會引發我們的焦慮，而這樣的焦慮，可以藉由「吞噬」別人，或被別人「吞噬」來成為他人的一部分而獲得緩解[8]。

剛進公司時的玲玲與亮亮，都渴望「安全感」。她們選擇被公司中的資深者「吞噬」，成為群體的一部分以緩解焦慮，然而這種將他人當成是緩解焦慮工具的關係型態，必然會導致關係中雙方的耗竭。

取得影響力的工具性目的

玲玲對別人的好，常帶有「讓別人跟她站同一邊」、「取得團體中影響力」、「可以合理使喚別人」等多重預設目的。她討好資深員工，是為了打進辦公室的權力核心，讓這些人在她需要的時候可以替她講話，藉由被資深員工「吞噬」，成為核心團體的一部分，減輕孤單處境時的焦慮；她對亮亮的照顧，是為了得到被崇拜的優越感，操控亮亮替她完成工作，榨取原來不屬於她的業績，並將亮亮當成拉近她與資深員工距離的話題工具，這個「吞噬」亮亮、讓亮亮成為自己一部分的過程，緩和了她自身的焦慮。這種單向替自己牟利的工具性關係，長時間下來，讓雙方都變成一種資源逐漸耗盡的折舊商品。

而新進公司的亮亮，不自覺地接受了玲玲的「吞噬」，以避開進入新環境必然面臨的不確定感，卻付出了「被吞噬」而失去主體性的代價——深陷在輕視自己需要所導致的不快樂中。

真心互助的關係才能帶來滋養

真心助人會對個人帶來滋養，科學家透過功能性磁振造影機進行的實驗證實了這點。

科學家觀察研究參與者在憑空接受五元報酬，以及為了慈善團體放棄部分報酬，好讓慈善團體獲得捐款這兩種情境下，大腦中的反應，發現後者大腦中的獎賞區域，比憑空獲得報酬的前者更加活躍[3]。

實驗結果說明，大腦對我們「為了幫助別人而減損自身利益」這件事情，感受到的愉悅，勝過於「單純自己得利」。換句話說，主掌我們身心運作系統的大腦，可以從幫助別人的過程中獲得滋養，而從「幫助別人」中獲得的滋養，比「單純自己得利」所獲得的滋養更多。

為了再次確認這個事實，科學家針對他們認為人類最自私的青少年階段，做了一個類似的實驗。科學家找來一群青少年受試者，告訴他們和他們的父母，可以從參與研究中，讓青少年獲得一大筆可以捐給家裡的錢，但這筆捐給家裡的錢絕對不能使用在這些青少年身上。結果發現，這些參與研究的青少年在捐錢給自己的家庭時，大腦的獎賞系統也發生了明顯的活化；此外，這些參與研究的多數青少年也主動表示，能對家人的日常生活提供幫助，讓他們感到很滿足[3]。

玲玲一直以為，討好別人才能獲得保護、操控別人才能證明自己的重要性，但事實證明，這種物化的關係為她帶來的傷害多過於得利。真正可以帶來滋養的關係，絕非忽視對方人性需求的單向索取，而是重視彼此個體性的雙向付出。

付出的行為表面上看似損失，但實際上我們可以從付出帶來的改變獲得回饋，我們的自我評價會因幫助別人、使別人成長而得到能量，變得正向，並從中感到滿足，而別人也會因看見我們的付出，而重新建構對我們的觀感，調整與我們的互動方式。

相對地，當我們在關係中剝削別人，內在的自我會記錄這些歷史，並根據這些歷史，形成負向的自我評價，進而造成內在的匱乏，而匱乏的內在，則促使個人更渴求掠奪他人來得到滿足，形成一種惡性循環。這樣的待人模式，也會影響他人用同樣的方式與我們互動，讓個人更加匱乏。而這正是玲玲所處的狀態。

跳脫討好與操控的循環

別有用心的討好將耗竭自身

玲玲跟亮亮、跟資深員工團體以及其他人的關係，都處於一種功能性的利用模式，這讓她無法看見別人跟她有同樣的需要，而只想要從別人身上攫取利益。玲玲與人的交流因而變得非常僵化，無法隨著關係的狀態進行彈性調整，陷入了討好與操控的循環中。

她用討好來換取團體的保護，卻損耗了內在有限的能量，再從操控亮亮所得到的優越感中，將損耗的能量補充回來。這一來一往所建立的人際模式，讓她很難跟人維持真誠穩固的關係，當她無法再操控亮亮時，就會導致供需平衡的能量循環體系崩潰，最後掉入憂鬱的深淵。如果她無法檢視自己的物化關係型態，並加以調整，很容易再次掉入討好與操控的耗損之中。

而亮亮原本也身陷與玲玲同樣的局限性關係中，直到發現自身狀態越來越糟糕，重新檢視她和玲玲的關係，才不再為了獲取受玲玲保護的安全感，而成為她的附屬品。

真誠的關係能夠看見彼此需求

相對於玲玲這種工具性的局限關係，真誠的關係，必須要建立在看見彼此需要的前提上，而非單向使用其中一方提供的功能來獲取個人利益。在真誠的關係中，兩人會願意因著彼此的差異去調整自己，調整自己的過程帶來學習與改變，而個人會在學習與改變中，自然地獲得滋養。

就像後來的亮亮，當她開始勇於面對未知所帶來的焦慮，把全部心力放在解決工作上的難題，不是利用別人提供的保護來逃避焦慮，而是學習與焦慮共處，並在焦慮中練習展現真正的自己，和別人真誠互動，才從與玲玲互相耗損的共生狀態跳脫出來，建立了新的關係型態。

↓如果你因為害怕孤立無援，想要努力討好他人，也期待別人討好……

＊總是縮小自己，討好具有權位者，將被理所當然視為任其差遣的下人。

＊總是隱藏真實的想法、感受，將具有權位者擺第一，就是告訴別人無須重視你、在乎你，可以將你視為無關痛癢，只需聽話的下位者。

＊工作職掌有位階之分，但個人價值無位階之分，每個人都是平等且獨特的。

＊工作內容有專業之分，你有自己的專業，尊重自己的專業，

別人才會尊重你的專業。

＊即使工作職權較高者，也無權對你人身攻擊，不要任憑別人貶低自己的個人價值，適時為自己發聲，表達感受以及希望被尊重的想法。

＊尊重別人，也尊重自己。

＊不要複製別人的模式去壓迫資淺者，因為這表示你支持資深者壓迫你。

↓如果你因為害怕孤立無援，而忍受來自他人的壓迫與操控……

＊行為比言語更能呈現出對方真實的樣貌。

＊即使對方用好聽的話術包裝不當的壓迫，依然無法改變壓迫的事實。

＊要適時表達自己的想法與感受，例如亮亮可以告訴玲玲：「我很感謝妳對我的照顧，我也很信任妳，但妳把我的私事告訴別人，我覺得很不舒服，請妳不要這樣做。」

＊相信自己的真實感受，遠離不尊重自己的人，保護自己。

＊在工作上盡到本分即可，對於資深前輩，依然可以不卑不亢。

在陌生情境順利自處的思考練習

在面對陌生的人際情境時，我們可以好好思考幾個問題：

一、團體之中，誰是主導者？誰是附屬者？兩者間的關係如何運作？

二、進入陌生的團體時，什麼類型的人會主動接近我？誰會和我保持疏遠？我在別人眼中是什麼樣的人？

三、我和什麼樣的人互動會感到自在？什麼樣的人讓我覺得不舒服？為什麼？

四、我在人群中展現的互動型態是什麼？主動或被動？熱情或冷漠？這樣的互動型態對人際關係的影響為何？

五、我滿不滿意目前的人際關係？原因是什麼？

六、我會怎麼形容跟我最要好的朋友？他是個什麼樣的人？我對他了解多少？我們如何互動？

七、我會怎麼形容我自己？我是個什麼樣的人？我對自己了解多少？我是個什麼樣的朋友？

我們必須要體認，每個人都是獨立的個體，都同樣面臨自由與安全的矛盾兩難，沒有誰真的可以保護誰或依附於誰，也沒有誰可以操控誰，面對真實的存在處境，我們唯有攜手合作，真誠地面對彼此，才能走出共同的困境。

06

我這麼相信你，你怎麼會這樣對我？

——用控制緩解焦慮感

定硯臉頰泛紅，羞澀地告訴可親自己的心儀對象。可親聽了以後，拍拍定硯的肩膀，一副理解力挺的樣子，讓定硯放心又感動。

她熱情地擁抱著可親，可親也回以熱情的擁抱。

但定硯不知道的是，回以熱情擁抱的可親，會在網路發表著攻擊她、讓她陷入絕境的言論……

是什麼，讓這段原本互相信任的關係，變成了滿是惡毒的傷害？

對他人的脆弱信任感

從勢利環境裡養成的占有欲

可親自幼家境貧困，從小跟著父母住在違建裡，過著四處搬家、顛沛流離的生活，直到升上高中，家中債務終於清償完畢，才慢慢靠著獎助學金與學校住宿，過起比較穩定的日子。這段生活經歷，可親看遍了親朋好友的嫌惡、班上同學的耳語，讓她深深感受到人性的勢利，更認為沒有人是可以相信的，人唯有靠自己才行。

直到遇見了定硯。

定硯因為幼年嚴重意外，導致她的手腳有大面積的嚴重傷疤，而且難以透過手術美化，使她受盡他人的異樣眼光。直到上了大學，她才能夠自由選擇穿著，用長褲、外套遮掩大部分的傷痕，使之不再那麼引人注目。

過去，面對同學的異樣眼光，即使定硯鼓足勇氣向對方解釋，卻依然換來同學的嘲笑。於是，她將心力轉到課業上，也發現在課業上名列前茅，可以讓同學對她維持基本的敬意，不至於對她有太過逾矩的行為，甚至有人會願意主動接近她，她也因此交到一些興趣相近的朋友。

可親發現，即使承受了跟她類似的人情冷暖，定硯依然對人保有發自內心的信賴、溫柔與善良，沒有跟她一樣憤世嫉俗。她想跟定硯一樣，試著去尋找人性的光亮。於是，可親投注了所有心力在定硯身上，成為了她最好的朋友，她希望她們可以是永遠的好朋友，甚至是家人。

因第三人介入而塌陷的信任

而這樣的想望，在定硯告訴她心中有仰慕對象時，瞬間破滅了。

可親覺得自己遭到背叛，她的世界只有定硯，定硯的世界理應也只有她才對，自己明明這麼相信她，為什麼定硯可以這樣對她？

她感到矛盾與混亂。一方面她認為再也沒有像定硯一樣溫柔善良的人，她好怕定硯被別人搶走，也擔心定硯被別人傷害；另一方面卻又覺得，定硯就跟那些曾在生命中背棄她的人一樣，在關鍵時刻，只會為了自己的利益轉身而去。

她想起鄰居看她時的不屑神情，同學看她時的鄙夷眼光，也想起討債集團到家裡潑漆的情景，印象最深刻的是，那些有錢親戚噁心的嘴臉。這些經歷讓她認為，所有人都是自私自利的，關鍵時刻，人都只會以自己的利益為優先，所謂的朋友，對她來說不過是互相利用而已。

於是她展開了報復。生活中，她持續維持和定硯友好的關係，分享心事，甚至為她如何接近心儀對象出主意；但在定硯背後卻透過網路社群，散播關於她的不實流言，試圖孤立定硯，希望藉此讓定硯離不開她，以成為定硯永遠的依靠。她想讓定硯知道，除了自己，沒有其他人是可以相信的，也唯有她可以成為定硯的力量。其他人，都只會帶來傷害而已。

畢業前夕，可親告訴定硯關於她所做的一切，她想要成為能夠傷害定硯的最後一個人，她知道，一旦定硯知道事情的真相，就會跟她一樣再也不相信別人，別人也就再也沒有機會傷害定硯了。正如可親所料，知道事實後的定硯，原本對別人的一絲信任也灰飛煙滅。她發現自己太傻了，即使一直在嘲笑中努力證明自己，但人性依然充滿了惡，包括曾經如此要好的可親。真正能夠相信的，自始至終就只有自己。

畢業後，定硯斬斷與可親所有的聯繫，與人變得更加疏離，她覺得只有專業不會背棄她，因此一路從大學、碩士念到了博士，最後在醫學機構裡專攻冷門研究，卻因為長期與人疏離，而陷入了嚴重的憂鬱之中……。

面對無法全盤控制的世界

用專業掩蓋的焦慮，依然是焦慮

心理學家羅洛·梅認為，焦慮無所不在。當人們覺察到，自己隨時會面臨可能毀滅個人生存的事件，諸如死亡、重病、敵意以及劇變等，便會產生焦慮。除非個人以冷漠或麻痺感性與想像力為代價，否則無法迴避這種普世皆然的正常焦慮。焦慮雖無法避免，但可以降低。焦慮可以作為增加覺察、警戒和生存熱情的刺激[7]。

然而，某些人在面對焦慮時，會用過度膨脹的英雄氣概去對抗或者否認，並以強化個人能力的方式來取得主控權，以避免任何無法事前預期的變數發生，消滅所有可能的焦慮。

專業權威加身時，個人的價值與重要性會被放大，進而掩蓋了原有的焦慮。我們可以從社會上各個領域的專業人士身上看到這個現象。精神分析之父西格蒙德．佛洛伊德（Sigmund Freud）就是個明顯的例子，他以其專業性，廣結各領域傑出人士，並吸引當代菁英知識分子投入其門下，更證明了自己在心理學界無可取代的重要性。但也因為身居當代精神醫學的權威之位，佛洛伊德無法接受門下的部分弟子對其創立的理論提出異議，陸續與其決裂。

所以，專業能力不單純只是該領域的能力展現，也是一種社交利器，更是一種權力的展現。擁有極致專業能力的人，自然會增加個人講話的分量，擴大人際間的影響力。

定硯試圖以強化專業能力的方式來否認焦慮，即使她確實取得了亮眼的學術成就，但被壓下的焦慮並沒有消失，而是從其他地方竄出，最後讓她付出了健康的代價。

良好的關係裡，沒有誰可以控制誰

控制感會對個人有深遠的影響，也是許多人終其一生都想追求的。

耶魯大學的艾倫・蘭格（Ellen Langer）和朱迪斯・羅丹（Judith Rodin）曾針對這主題進行研究，以了解控制感的重要性[9]。他們以療養院的長者為研究對象，依不同樓層分組。

一樓的長者對自己的生活擁有部分的控制選擇權，他們可以在前一晚先提早決定隔天早上的早餐，要選炒蛋或是荷包蛋；可以決定是否要去觀賞禮拜三或禮拜四晚上放映的電影（他們可以自行去登記）；可以從院方提供的盆栽中，自行選擇喜愛的帶回房間澆水照顧。

二樓的長者則被告知他們在院裡生活的安排，包括每個禮拜一、三、五早上有荷包蛋，二、四、六有炒蛋；住在左邊廂房的人可以在禮拜三晚上看電影，住在右邊廂房的人可以在禮拜四晚上看電影；院方會請人送盆栽到他們居住的房間裡，並由護理師澆水照顧這些盆栽。

事實上，一樓和二樓的長者，享有完全相同的福利，唯一的差別是，一樓的長者擁有部分的控制選擇權，而住二樓的長者沒有。

十八個月過後，研究者發現有主控權的長者，不但比較活潑，也過得比較快樂，更重要的是，擁有主控權的長者逝世的比例也比較低。這說明，自主權和控制感有助於提高生活品質和壽命。

耶魯大學研究員梅德倫．維辛坦娜（Madelon Visintainer）想要進一步了解控制感的影響，因此在實驗室以老鼠做了一個相關的研究。她先將一些腫瘤細胞移植到老鼠身上，這些腫瘤細胞有一半的機會導致癌症的發生，若免疫系統沒有消滅這些腫瘤，就會致命。接著她將老鼠分成三組，第一組會接受輕微電擊，但可以按桿去停止電擊；第二組也接受輕微電擊，但無法按桿停止電擊；第三組則是沒有接受電擊。

一個月後，第三組未接受電擊的老鼠，如預期中死了一半，另一半則抗拒了腫瘤。而能夠按桿停止電擊的第一組，有七〇%抗拒了腫瘤；無法按桿停止電擊的第二組，則只有二七%成功抗拒了腫瘤。

這三組老鼠在電擊的量、次數、食物、居住環境和腫瘤的數量都完全相同，唯一的差別在於是否擁有停止電擊的主控權。此外，研究者也發現，幼年經歷過可以逃避電擊、擁有主控權經驗的老鼠，長大後多數可以抗拒腫瘤，相對地，幼年經歷無法逃避電擊的老鼠，長大後較不能抗拒腫瘤的生長。研究結果顯示，在心理上擁有主控權，能夠增加抗拒腫瘤的抵抗力。

主控權對於身心發展的重要性，不言可喻。

主控權是人們對抗焦慮的武器。通常擁有較多主控權的人，對自己的生活會有較高的滿意度，身心狀態也較擁有較少主控權者佳。

可親因為對人缺乏信任，害怕失去人際上的主控權，放棄了與人真誠交會的可能。然而，她卻忽略了良好關係中的主控權，和其他情境下的主控權完全不同。

良好的關係中，沒有誰是可以控制誰的。良好關係中的真正主控權，不是任何一方可以單向建立的，而是在雙向互動與回饋當中形成，是出於「因為我願意了解你、願意付出與投入，而你也願意同樣地了解我、付出與投入」。

一旦關係陷入了由單方想全然主導或控制的狀態，就會造成傷害。而這正是兩人後續人際困境的主因。

在焦慮中成長

羅洛．梅從研究中發現，智力、原創性和分化程度較高的人，較容易產生焦慮。他認為，知識與焦慮的出現是成正比的，人格的創造力和生產力越強，面對焦慮的處境就越多[7]。

因此，焦慮並非毒蛇猛獸，而是能夠使人升級成長的養分。當焦慮出現時，個人可以先從拓展覺察開始，承認自己的緊張不安，尋找威脅從何而來，並逐步理解內在目標之間的衝突，以及其發展脈絡，接著重新排序，做出價值選擇，在害怕中繼續前行，才能負責且踏實地達成目標，讓自己從中蛻變成長。

這也是定硯和可親可以做的。勇敢承認自己面對人群時的不安，仔細辨別源於過往人際經驗的威脅感，區分過往經驗與現實處境的差異，才有機會找到志同道合的人，重拾與人真誠交會的可能。只是一味逃避、否認、拒絕相信，就會永遠被囚禁在過去裡，並不斷重蹈過去的覆轍。

別讓過往的人際焦慮囿限了自己

從焦慮中學習

焦慮是最好的老師，焦慮可以指出不足。

我們可以從過往的人際焦慮中，思考自己的不足，找出問題的關鍵，想想自己究竟在焦慮什麼？焦慮的事情是真的會發生，還是僅出於想像？焦慮的是過去，還是眼前發生的事？花點時間好好整理這些擔心，有助於面對類似的焦慮。

如果定硯和可親，可以好好沉澱過去不快的經歷，認清自己的不安，是來自於過去而非現在，從經歷中區辨哪些人值得信任、哪些人不值得信任，而不是一概而論，就不至於誤傷身邊的人；如果她們可以從過往的經驗中，釐清自己的盲點，學習如何與人建立真誠的關係，就不至於在遇到問題時，用逃避、傷害性的方式去處理。

從關係的回饋中調整自己

真誠的關係，會因為彼此的雙向投入而不斷改變，雙方都能從關係的回饋中獲得成長，也會從中不斷調整自己，使得關係能長久維持下去。

如果可親能從定硯的真心傾訴中，看見定硯對自己的全然信任，而非將之解讀為背叛，調整自己，將心比心，並回報以同樣的信任，這段關係必然可以成為彼此生命中最重要的支持，而非不可磨滅的詛咒，兩人也會因為在這段關係中的成長，學會用更成熟的方式處理各種人際困境。

↓如果你因為過分重視一段關係，卻因為害怕失去關係而傷害了對方……

＊傷害對方，反而才會讓自己失去這段關係。

＊想想對方的感受，以及自己造成的傷害。

＊承認自己的錯誤並真誠道歉。

＊關係不是占有，而是用雙方都舒適的方式彼此陪伴。

＊檢視自己與人互動的模式並加以調整。

↓如果你曾被最信任的好朋友暗地中傷，無法再信任別人……

＊尋求周遭協助，澄清不實謠言。

＊向對方表達真實的感受，例如定硯可以向可親說：「妳這樣做讓我覺得很難過，也很不舒服。」

＊肯定自己的真誠付出，不需要鄙夷自己過去對人的相信。

＊不用勉強修復關係，遠離傷害，保護自己。

＊相信還是有機會找到值得信任的朋友。

＊不放棄未來所有可能的美好關係。

面對人際焦慮的思考練習

當我們在面對人際焦慮時，可以思考以下幾個問題：

一、某些類型的人是否特別容易引起我的焦慮？這些焦慮是源自於過去的經驗，還是當下的衝突？這些威脅感是真的嗎？符合現實嗎？

二、某些類型的人是否特別容易引起我的好感？這些好感是源自於過去的經驗，還是當下的相處？這些好感是真的嗎？符合現實嗎？

三、人際會引起我何種焦慮？我如何處理這種焦慮？是逃避與人接觸、屈從別人想法，或是直接面對？

四、什麼樣的人值得信任？可以從哪些事情進行客觀評估？

五、什麼樣的人不值得信任？可以從哪些事情進行客觀評估？

六、我遇過最糟的人際情境為何？我如何處理？檢視該次經驗，我從中學到什麼？若能回到當時，如何處理會更理想？

焦慮無法消除，唯有帶著焦慮前行，方能更認識自己，更了解別人，拓展自覺與各種可能性。

III

親子關係的物化

「你的孩子不是你的，
他們是『生命』的子女，是生命自身的渴望。
他們雖然和你在一起，卻不屬於你。
你可以給他們愛，但別把你的思想也給他們，因為他們有自己的思想。
你可以勉強自己變得像他們，但不要想讓他們變得像你。
你的房子可以供他們安身，但無法讓他們的靈魂安住，
因為他們的靈魂住在明日之屋，那裡你去不了，哪怕是在夢中。」[10]
—詩人卡里・紀伯倫（Kahlil Gibran）

為人父母，常常因為過分疼愛，忽略了孩子有自己的世界。
許多孩子，也常常因為父母的疼愛，忘了父母也有自己的生活。

即使有著不可分割的血緣，
在親子關係中，依然沒有誰是誰的，
每個人都是獨立的個體。

把對方當成自己的一部分，
或妄想寄生在對方的身上，
都將帶來不可磨滅的傷害……

07

這是我以前的夢想，不要身在福中不知福！

——用下一代替自己而活

「媽，我覺得我不適合念醫學系，想要轉系。」翼翔思考許久後，終於鼓起勇氣向母親芳誼坦白。

「你這個榜首如果不適合，還有誰適合？那麼多人擠破頭都考不上，結果你說你不適合？要不是因為沒那個環境可以栽培我，我當初差點就能當上醫生，你不要身在福中不知福……」

翼翔多次想跟芳誼溝通，卻都還沒講完就被打斷，每次都只能默默地聽完她千篇一律的勸戒之詞。最後他決定先斬後奏，降轉到哲學系後再告知父母，沒想到芳誼氣得要斷絕親子關係。

灰心的翼翔，像個流浪漢漫無目的地走在街頭，興起了輕生的念頭……

是什麼，讓原本望子成龍的殷切母愛，反而毀滅了孩子？

無法成為「自己」的子女

資優生的原罪

翼翔從小天資聰穎，對於新事物與新知識總是過目不忘、快速上手，即便在高手雲集的資優班裡，仍是鶴立雞群、一枝獨秀，不但是班上的第一名，拿過國際奧林匹亞的金牌，也是大考榜首，順利錄取眾人眼中第一志願的醫科。

但眾人眼中的第一志願，其實並不是他的第一志願，因為他根本不知道自己的志願是什麼，不了解自己要什麼。他覺得自己其實一點也不厲害，真正厲害的是班上那些知道自己要什麼的同學，這些同學很早就立定志向，要往自己的目標前進，有的想成為化學家，有的想成為數學家，有的想成為物理學家，他們不是沒有能力拿到國際競賽金牌或大考榜首，而是因為那並非他們的目標，他們沒有必要花力氣在沒興趣的科目或領域上，只要專注在與志趣有關的部分即可。

反觀自己，翼翔完全不知道自己要什麼，只好聽從家人與師長的建議，什麼比賽都去參加，什麼考試都去考，以免錯過了可能的好機會。但他心中隱隱有些不安，覺得這些旁人眼中光鮮亮麗的外在成就，不過是用來掩飾自己空洞的內在。幾次跟母親芳誼討論這些真實的想法，卻都被一句「想太多」畫上句點。他只好也告訴自己，不要想那麼多，就照著眾人的價值觀走下去就對了。

把子女的主見當成「想太多」

芳誼的確認為翼翔想太多。她覺得他真的不用多想，只要好好發揮天分，替自己揚眉吐氣就可以了。

芳誼生長在重男輕女的家庭，儘管自幼聰慧，卻始終得不到家裡的重視和栽培，國中畢業不久就被要求到工廠的生產線擔任作業員。好學的芳誼，用工作一陣子後積攢的學費，在半工半讀下讀完護專，轉職成為醫院的護理師，認識了現職醫師的丈夫，與之共結連理。

然而，這段婚姻一路走來，卻相當坎坷難行。先是受到雙方家長的反對，女方父母認為芳誼高攀不起醫師世家，男方父母認為兩人門不當戶不對，雖然在兩人堅持下依舊完婚，但仍得不到雙方家庭的真誠祝福。芳誼的爸媽無法接受她的成就超越兩位備受呵護的弟弟，多年來不停唱衰這段婚姻；而結婚多年膝下無子，也讓公婆常常冷嘲熱諷。

翼翔是兩人婚後十年好不容易期盼而來的獨生子。芳誼毅然決然辭職，全心照顧翼翔，希望他能繼承丈夫衣缽與自己的志向，成為一位優秀的醫師，為自己揚眉吐氣。翼翔也不負期待，以榜首之姿考取醫科，讓芳誼一吐多年來的怨氣。

然而，就讀醫學系的翼翔並不快樂，他一直在思考自己要什麼、想成為什麼樣的人，大學讓他開了眼界，他發現自己並不喜歡醫學，反而對於父母眼中毫無用處的文學與哲學產生了濃厚的興趣。幾次和父母提及轉系的想法，都在爭吵中不了了之。最後翼翔在沒有告知父母的狀態下，降轉至哲學系，這是他所做過最叛逆的決定。

翼翔父母完全無法接受，芳誼的反應更是激烈，執意要斷絕親子關係，中止對翼翔的經濟支援。對芳誼來說，翼翔的決定等於毀了她多年來的努力成果，讓她成了眾人眼中的笑柄，成了自己爸媽與公婆口中名副其實的失敗者，印證了他們多年來的唱衰，也讓她與丈夫的關係降到冰點。

翼翔無法理解，一向慈愛的母親為何對自己想轉系有如此反應？他在深愛的母親與自我的未來間陷入兩難，也陷入了深深的憂鬱之中。他愛母親，卻也無法欺騙自己，勉強待在一個會耗竭自己的領域中，行屍走肉地度過餘生，於是竟然步上頂樓企圖輕生……。

所幸同儕及早發現並阻止，也極力勸慰，給了他活下去的勇氣；而差點失去翼翔的芳誼也深受打擊，終於認知到翼翔承受了多大的壓力，也被他對哲學的熱愛所打動，尊重他轉換跑道的決定。而翼翔也鼓勵母親重拾護理專業，返回她熱愛的職場，找回生活的重心。

實踐夢想的替代品

讓下一代替自己而活

哲學家蒙田曾說：「在出生時，我們就開始面臨死亡；從起點就開始了終點。」[4]

死亡是生命不可分割的一部分，充斥在生活之中，但赤裸裸的死亡焦慮並不明顯，因為它總是被轉換成其他形式隱藏著，以降低其威脅感，讓人不致受困其中無法動彈，但仍對人有著深刻的影響，只是我們深陷其中而不自知。

親子關係中，最常見防衛死亡焦慮的方式，就是將自己的焦慮轉嫁到自己的下一代身上，讓下一代替自己完成無法達成的目標與願望，以便自己能延續到更長遠的未來。

芳誼便是如此。

芳誼結婚以後，將生活重心與個人價值全部寄託在母親的角色上，放棄了工作，犧牲了自己職涯發展的可能性。她愛翼翔，卻也怨恨他對生活造成了妨礙，更忌妒他擁有自己從前所沒有的機會，加上芳誼一直未能走出成長過程中的挫折與失落，她將這些複雜情緒轉嫁到翼翔的身上，想藉由翼翔的成就來平反自己過去所受到的不公平對待，一吐多年來的怨氣。

芳誼忽略了，她所不滿的人生遭遇，並非翼翔造成的，也忽略了翼翔跟她一樣，會有自己的目標與願望、想做的事情，以及想成為的樣子，翼翔是個獨立的個體，而非她的所有物，更不是任何人的替代品、複製品。芳誼勉強翼翔變成原本那個理想的自己，對彼此來說都造成了嚴重的傷害。

優渥的報酬仍無法讓熱忱持續

行為經濟學家丹．艾瑞利（Dan Ariely）想知道除了薪水之外，還有什麼可以維持個人的工作動機，支持他們繼續在工作崗位上堅持努力下去？於是他與研究團隊，設計了「組裝樂高生化戰士」的實驗[11]。

實驗分成兩組，兩組的參加者都需要將四十個樂高塑膠積木，組裝成一個「樂高生化戰士」。成功組裝完成第一個樂高生化戰士後，參與者可獲得兩美元酬勞，之後每組裝完成一個新的生化戰士，酬勞將固定減少十一美分，直到參加者決定不玩為止。過程沒有時間限制，參加者可以一直組裝到他認為所得的酬勞不值得付出努力為止。

兩組唯一不同的是，第一組完成的每一個生化戰士會被收到桌下的箱子中，並被告知晚點會拆解供下一位參加者使用；第二組完成的生化戰士會被研究人員當著參加者的面現場拆解，研究者會告訴參加者，這是用來讓他後續組裝新的生化戰士之用。

結果顯示，第一組每人平均組裝一〇·六個生化戰士，獲得一四·四〇美元。即使組裝一個生化戰士只能拿到低於一美元的報酬，仍有六五％的人繼續組裝下去，越喜歡樂高遊戲的人，在此情境下組裝的工作動力就越強；第二組每人平均組裝七．二個生化戰士（只達第一組參加者的六八％），獲得一一．五二美元，當組裝一個生化戰士只能拿到低於一美元的報酬時，只有二〇％決定繼續組裝下去，即使是原本很喜歡樂高遊戲的人，在此情境下也無法維持繼續組裝的高工作動力。這說明了：

一、能在有熱忱的領域中工作，即使所得較低，仍能維持工作動力，代表除了薪資以外，工作本身的樂趣與成就感，就能為個人帶來滿足，薪資並不是唯一能支撐工作動力的要素。

二、即便有高薪資，若無法從工作中取得成就感，也無法維持長久的工作動機。

三、個人的工作成果若無法受到重視，即便有高薪資，原有的工作熱忱也會遭到破壞。

醫師雖然是眾人眼中高所得、高社會地位、具有崇高意義的職業，但對翼翔來說卻太過沉重，特別是面對重症病人時那無能為力的感覺，啃噬了他的熱忱，他無法從中獲得成就感。相較於醫學的沉重，文學和哲學帶給他許多啟發與樂趣，他認為救人有很多種方式，文學與哲學的養分解答了他多年來的疑惑，引領他找到方向，將那個被眾人的目標與願望大海所淹沒的自己解救出來。

內疚的焦慮

資賦優異對翼翔來說是一種不可承受的原罪，因為能力很好，就理所當然被期待往眾人眼中最優秀的道路前進；因為能力很好，就理所當然成為父母炫耀自身價值的工具。一旦脫離了主流價值觀所認可的道路，就會被視為失敗或異類，資賦優異不是他自己能決定的，而他卻被資賦優異這個標籤決定了一切，他搞不清楚「資優」這項天賦到底是他的資源，還是他的束縛。因此，他從小對生活就有種說不上的疏離感，彷彿過的不是自己的人生，而是別人的人生。

心理學家卡倫・荷妮（Karen Horney）認為，當人與真正的自己分裂，使個人無視自己真正的感受、願望與想法時，個人會在潛意識中不斷比較「真正的自我」與「活在世上的自我」的差異，當兩者的落差太大，就會產生大量的自我輕視，造成焦慮與不安。

哲學家保羅・田立克（Paul Tillich）也有同樣的見解：「人的存有不只是給予他，也對他有所要求。他要為存有負責；也就是說，他必須回答要使自己成為什麼的問題。問他的人就是他的審判者，也就是他自己。這種情形會產生焦慮，以相對的措辭來說，就是內疚的焦慮；以絕對的措辭來說，就是自我排斥或自我譴責的焦慮。人被要求使自己成為應該成為的樣子，實現自己的命運。自我肯定的人在每一項道德行為中促成自身命運的實踐，實現他潛在的可能。」[1]

資優的原罪，剝奪了翼翔在成長過程中，用自己的方式，活出真正自己的可能，這種無法成為自己的絕望，讓他，以及許多跟他類似處境的資優生，興起了走上絕路的念頭。

這種來自於主流價值觀的枷鎖，將翼翔這樣天賦優異者牢牢鎖住，他們被當成是一種成就社會與彰顯人類價值的工具，無法像一般人一樣，過著可能是他們想要的平凡生活。這種「有才者應該從事某些特定的行業，才能造福社會與人群」的思維，漠視了個人的獨立個體性，導致人們被工具化而不自知。

追求主流價值的掌聲，卻束縛了自我的人生

眾人認可的標籤，可能是個人的毒藥

不管是「重男輕女」，還是「有能力就要念第一志願」，都是社會長久以來所傳承的價值觀，這樣的價值觀或許在某些時代背景有其需要，但絕對不適合套用在每個人的身上。

芳誼和翼翔這對母子都因為主流價值而遭遇了無法活出自己的困境，芳誼受限於「重男輕女」無法盡情發展自己，理當最能理解這種無法活出自己的心情，卻不自覺複製了父母對待自己的方式，限制了翼翔成為自己的可能。

尊重不同個體的獨特性

不同世代的價值觀套用現象，最容易發生在長輩與晚輩的互

動關係中，一不小心，擁有較多權力的一方，就會不自覺將個人或社會的價值觀，強加在權力較少的一方，漠視了對方的主體性，陷入物化的關係中。因此，我們得提醒自己，務必尊重不同個體的獨特性，以免造成了原本可以避免的遺憾。

↓如果你受限於上一代的期盼而無法活出自己，並對此感到絕望……

＊試著理解上一代所經歷的沉重，看見他們所背負的包袱、所做的努力。

＊表達對上一代的理解、心疼，並在能力範圍內對上一代好。

＊尊重自己的內在感受，並持續溝通，讓對方理解自己的感受。

＊肯定自己的獨特性，不強迫自己過別人的人生。

＊強化自己的能力，做好本分，不讓上一代擔心，盡所能爭取信任與支持。

↓如果你因為某些因素無法活出自己，而期盼下一代活出可能的自己……

＊承認遺憾已經造成，過去無法改變，即使勉強下一代活出可能的自己，替自己達成無法實現的目標，依然無法改變遺憾與過去。

＊好好心疼過去的自己，肯定已經盡全力的自己，那些遺憾是無法操之在己的因素所致，非戰之罪。

＊在能力範圍內，盡可能對自己好一點。

＊即使過去無法改變，仍能從過去汲取養分，將希望放在未來，想想未來還可以做的事情，避免過去的遺憾於未來再次發生。

＊別把同樣的遺憾複製到下一代的身上。

面對過往遺憾的思考練習

一、我曾經歷過哪些遺憾？這些遺憾是怎麼形成的？

二、我如何看待與這些遺憾有關的人事物以及自己？其中各自的責任為何？我在遺憾中扮演什麼角色？別人又扮演了什麼角色？

三、這些遺憾帶給我什麼樣的傷痛？我如何幫助自己走過？

四、這些遺憾給我什麼體悟？我如何避免類似的遺憾再次發生？

五、我從遺憾中學到什麼？能從中汲取到什麼可能的養分？

六、我如何和上一代、下一代或重要他人討論這個遺憾？

每個人都不希望人生有遺憾，但卻又不可避免地經歷不同的遺憾，唯有透過不斷省思，努力把每個無法控制或不得不的遺憾中的價值留下，才能把未來過得更好，不讓遺憾只是遺憾，而能化作春泥更護花。

08

只要把成績顧好，其他都不重要

——用物質滿足取代心靈陪伴

「再過一陣子，我就會成為全國最有名的大人物了！」家寶在網路上大張旗鼓地宣傳著。

「你確實是網路遊戲的大人物，但脫離網路遊戲，只是個小人物，沒有人認得你，你想太多了！」網友回應著。

「哼！不相信的話，晚點看看新聞就知道了！」

家寶飛快按著手機，輸入最後的留言後，背起裝滿刀械的包包，走出車廂，朝著滿是人潮的車站出口走去，尋找可以下手的目標……。

是什麼，讓曾是父母心中驕傲的家寶，變成了隨機殺人的啃老惡魔？

當物質取代了生命的意義

飽受忽視的需求

家寶從小家境優渥，父母是成功的商人，平日的生活重心都放在追求商場上的獲利與名聲。他們其實沒有特別喜歡小孩，只是覺得有個小孩可以傳宗接代、繼承家業，於是生下了家寶。家寶出生後，他們聘請了全天候的保母來照顧家寶與打理家務，兩人依然在商場上馳騁活躍著。

由於他們工作非常忙碌，能陪伴家寶的時間很有限，因此只能把有限的時間與關注力，放在家寶的成績上。他們告訴家寶，上學最重要的就是要維持好成績，有好成績才能讀好學校；讀好學校才會有好學歷；有好學歷才會有好工作；有好工作才能賺得到錢；有錢，才會有好的生活品質，沒有錢，什麼都是假的。對父母來說，家寶有好成績，不僅可以為家庭的外在形象加分，更重要的是，可以確保家寶將來不會拖累他們，甚至可以幫助家裡的事業。

因此，父母嚴格要求家寶的課業，只要每次成績單出來，沒有在前幾名看見他的名字，就會懲罰家寶。成績，是父母眼中唯一重要的事情，只要家寶達到這項要求，他們對其他事情都不會有意見，事實上也不可能有意見——因為父母根本無暇理會家寶成績以外的生活。

人際關係就是其一。

家寶在學校的人際關係並不好，常和同學互看不順眼，對老師的管教也多有不服，和同學與老師間的衝突不斷；一開始，家寶會向父母抱怨學校發生的事情，但父母認為只要家寶成績好，現在遇到的這些同學、朋友或老師，都只是過客罷了，對他的將來一點幫助也沒有，沒什麼好在意的。

因此，父母沒有時間也沒有心力去回應家寶與他人無止盡的人際衝突，於是採用轉移注意力的方式來因應——每次學校發生事情，父母就以買玩具或家寶喜歡的東西來轉移家寶的焦點，後來乾脆直接給他錢，讓他去買想要的東西。漸漸地，家寶不再抱怨了，每天一回家就躲回房間裡面，打最新的電動遊戲，父母也因此樂得輕鬆。

無止盡滿足的需求

由於對遊戲的過分沉迷，升高中的大考，家寶考得一塌糊塗，父母驚覺事態嚴重，想要跟家寶討論關於他的成績、未來以及生活作息時，家寶卻完全拒絕討論，威脅若是再逼他，他就不去上學。父母只好勉為其難順著他，讓他按照分數分發。

進到高中以後，家寶依然經常以身體不適為由，請假在家打電動，如果父母反對他請假，他就開始摔砸家裡的物品。父母不知所措，在學校老師的建議下，帶家寶就診。醫師表示，家寶有憂鬱傾向，便開立相關藥物給他，希望家寶可以定期回診，同時鼓勵家長花點時間幫家寶解開心結。

但家寶不願意按照醫師指示服藥，也不願意回診。每當父母想要坐下來跟他好好討論一些問題時，他就會對父母大聲嘶吼：「醫生都說我有憂鬱症了，我有憂鬱症還不是你們害的！給我那麼大的壓力，只要求成績，我在學校被霸凌也不處理，我才會得憂鬱症的，你們要負責，負責照顧我到最後一刻！」

漸漸地，家寶不願意再到學校上學了。為此，學校老師到家裡多次訪視，家寶卻始終待在反鎖的房間裡。任憑老師在房外好說歹說，完全沒有任何的回應。

老師無奈地搖搖頭，但還是鼓勵父母，不要放棄和家寶溝通，並尋求家族治療等專業協助。經過一段時間後，情況還是沒有改善，父母只好決定先幫家寶辦理休學，他們抱持著一線希望，期待再等一陣子、時間再拉長一點，家寶的情緒就可以緩和下來、就會願意和他們溝通，問題自然就會解決了。

然而，隨著時間過去，問題完全沒有解決。家寶依然一直待在家裡，不願升學，也不願工作，成了名副其實的啃老族。由於作息不同，他跟父母幾乎見不到面，即使見面，也像陌生人一樣完全沒有互動，如果家寶開口，就是為了要錢或索求物質上的需要，父母不同意的話，他就用難聽的字眼辱罵父母、翻砸家具大吵大鬧，甚至會動手推父母。年紀漸長的父母，無力也無心再去管教家寶，只要他不吵不鬧，什麼都順著他，不但每個月支付他生活費，還煮好三餐放在他房間門口，他們只想要平靜的生活。

至此，「唯我獨尊」的價值觀已經在家寶內心根深蒂固了。

家寶理所當然地認為，父母要負起照顧他生活的全部責任，畢竟是父母擅自把他生下來，還害他得了憂鬱症，全部都是父母的錯！因此生活中只要有任何不滿意的事情，他就會對父母大發雷霆，例如覺得飯菜太難吃，他就會把飯菜與鍋碗直接從自己所在的二樓房間窗戶，往一樓砸去；網路速度太慢，他就會衝到一樓客廳，把所有東西砸毀。已經放棄與家寶溝通的父母，則默默地忍受這一切，每當遭到家寶抗議，就會盡快把他抱怨的事情處理好。

家寶把所有的重心放在網路遊戲上，利用父母給他的錢，買了很多遊戲中貴重的寶物，藉此成為遊戲霸主。但一如在校園裡的情形，家寶常常在遊戲中與人起衝突。雖然脾氣火爆，但由於他遊戲的等級奇高，又有充足的寶物，因此還是有許多網友願意和他組隊。在網路遊戲的世界中，他可說是打遍天下無敵手。

家寶過著不用升學、不用工作，可以整天玩自己最愛的網路遊戲的愜意生活，他原以為可以從此過得幸福快樂，沒想到，日子卻一天比一天空虛，一天比一天憂鬱。他常常覺得看什麼都不順眼，很容易生氣，對現有的生活越來越不滿意。縱然在網路遊戲的世界裡相當強大，卻沒有一個可以說話的人，網友除了想靠他的能力升級外，根本不想跟他這種情緒失控的人閒聊遊戲以外的事情。遊戲裡的他擁有很多，但拿掉遊戲，他什麼都沒有。他覺得人生沒什麼意義可言。

某天，他隨手拿了家裡的幾把菜刀，放進了背包中，出門準備執行他構思許久的大事。他來到了人潮眾多的車站，觀察了好一陣子，接著從背包緩緩地拿出菜刀，快步衝進人群。正當他要拿刀砍向眼前完全陌生的婦人時，說時遲，那時快，被正在巡邏的員警看見，員警三步併成兩步，立即將家寶反手壓制在地，並將他移送法辦。

父母得知家寶被逮捕後，一方面震驚，一方面也鬆了一口氣。他們慶幸沒有造成任何人受傷，也為家裡暫時少了一顆不定時炸彈感到心安。法院判定，家寶除了要為自己的行為付出代價、入獄服刑外，還要接受強制治療，以避免類似的事情再次發生。

極度需要意義的人，卻過著缺乏意義的生活

對意義的渴求

意義感，對人們影響至深。

哲學家阿爾貝・卡繆（Albert Camus）認為，唯一嚴肅的哲學問題，就是在了解人的生命毫無意義之後，判斷人生是否還值得繼續活下去。因為見過許多感受不到生命價值而死去的人，他認為生命意義是最迫切也最重要的哲學根本問題。心理學家卡爾・古斯塔夫·榮格（Carl Gustav Jung）則認為，缺乏生命意義會抑制生命的豐富性，導致精神上的疾病。精神醫學家維克多·法蘭克（Viktor Frankl）也認為，存在的空虛感——也就是缺乏生命意義，會對個人帶來精神與生活上的困境。

存在心理治療師歐文·亞隆（Irvin D. Yalom）提到，需要意義感的人們，卻活在由無意義組成的世界中，如果無法定位出人生的目標或創造出個人意義，便會造成內在的緊張失衡，當人們狂熱地追求名聲、權力、物質獲利及社交地位等生命的錯誤核心來作為填滿意義需求的東西時，早晚會面臨這些意義工具崩潰的問題[1]。

意義工具崩潰的問題，最後也導致家寶走向極端。

金錢強化個人主義

當人們像家寶的父母一樣，將生活的意義寄託在金錢利益的追逐上，很容易會成為只看得見自己的人，因為金錢很容易促發自私與自我依賴的行為。心理學家凱瑟琳．沃斯（Kathleen Vohs）以實驗證明了金錢對人們所產生的負面效果。

受試者在進行實驗活動前，實驗者先讓部分的人接觸與錢有關的活動或事物，例如要求他們從五個字中選擇四個字，造出與錢有關的句子，或讓他們無意間看到桌上一大疊遊戲假鈔，又或是讓他們看見漂浮在電腦螢幕保護程式上的紙鈔等。接著，再讓他們嘗試解決一個難度很高的任務。

結果發現，接觸過與錢有關事物的受試者，會比沒接觸過的，堅持花了近兩倍長的時間後才開口向實驗者求救，這顯示了金錢強化了個人的自我依賴。而同一批人，在實驗者假裝不小心把鉛筆掉到地上時，不太願意幫忙撿筆，顯示出其較為自私的心態。而他們在被請求幫忙排會場椅子時，所排椅子的間距也較對照組更遠，代表他們偏好獨處，不希望被打擾也不願跟別人談話。實驗的所有過程都證明了，金錢會引發個人不願依賴他人、與他人靠近或接受別人要求的個人主義[12]。

而這樣的個人主義，正是父母一路成長歷程所奉行的，是他們的成功之道，也是他們想要傳達給家寶的價值觀。

金錢形塑物化的價值觀

父母以金錢與物質處理問題的方式，長期下來，對家寶造成潛移默化的影響。金錢利益至上的價值觀，會促使人將一切物化，變得只在意個人成本與得失的平衡，忽略其他一切。科學實驗證明了這點。

心理學家找來實驗參與者，將他們隨機分配到不同的組別，其中一個組別填寫與金錢有關的題目（例如她隨便花錢），另一組則填寫與金錢完全無關的題目（例如她走在草地上）。接著讓他們分別進到不同的實驗活動中。

結果發現，填寫過與金錢有關題目的組別，相較於填寫與金錢完全無關題目的組別，有更高比例的人表示自己有可能偷走辦公室的影印紙，也會為了獲得更多的獎金去說更多的謊（當他們被告知對另一位參與者說謊可以獲得五美元，說實話可以獲得兩美元時，他們會選擇講兩個以上的謊話），也會更願意在面試活動中，錄取行為不檢點的人（他們會錄取那些自稱若被錄取，就會提供對公司有利機密資料的面試者）。這些實驗顯示，即使是微不足道或難以覺察的金錢誘惑，都會增加欺騙、偷竊或說謊等降低個人道德感的行為[13]。

局限的經驗帶來局限的視野

長期生活在高度自我依賴與自我中心的環境中，讓家寶的視野越來越狹小，而生活經驗的極度局限，連帶地使他的挫折忍受力越來越低。

科學家曾做過實驗來證明，個人的生活經驗會影響他們對不愉快事件的忍受度[11]。

艾瑞利和哈南·法蘭克（Hanan Frenk）教授招募了曾經在戰爭中受過傷的自願者參加實驗，這些自願成為受試者的人都是男性、當過兵、受過傷、住過院，也都隸屬於同一個傷兵俱樂部，平均受傷時間為十五年。

艾瑞利和法蘭克請一位醫師和兩位護理師，根據傷勢的嚴重程度，將四十位受試者分為輕傷組（組裡有人執勤時傷了手肘而動手術植入了金屬片，但除此之外一切正常）和重傷組（組裡有人曾被地雷炸過，失去一隻眼睛與一條腿）。接著分別讓兩組的人將手放進攝氏四十八度的熱水中，並要求他們在熱水開始造成疼痛感時（疼痛臨界點）告訴實驗者，但受試者必須持續把手放在熱水中，直到受不了時才能把手抽出來。實驗者將受試者「感受到疼痛的時間點」以及「將手放在熱水中的時間長度」，作為衡量疼痛忍耐度的標準。

四．五秒之後，輕傷組的人會開始感覺到熱水帶來的疼痛感，他們平均將手放在熱水中二十七秒；重傷組的人則在十秒或之後會有痛的感覺，他們平均將手放在水裡面五十八秒。為了避免受試者受傷，實驗者訂立了不得將手放在水中超過六十秒的規定，但沒有事先告訴受試者有這項規定，不過只要時間一到，他們就會請受試者立刻將手從水裡伸出。輕傷組全都在六十秒到前就將手伸出，而重傷組中，只有一人在六十秒到之前將手伸出。

結果顯示，即使是多年前受的傷，受試者對疼痛的忍耐度卻依然受多年前受傷的經驗所影響，他們的疼痛忍耐度似乎從受傷那時就改變了，而且成為一種長期的慣性。科學家發現，實驗結果與二次世界大戰被派駐到義大利擔任軍醫的博士亨利．畢奇爾（Dr. Henry K. Beecher）的觀察一致。

畢奇爾醫治的兩百零一名傷兵中（這些傷兵身上有穿刺傷、大面積皮肉或骨頭傷害等嚴重問題），只有四分之三的傷兵要求使用止痛劑；但受傷的平民對止痛劑的需求卻比這些傷兵高出許多。他的結論是，人們對疼痛的感受不僅與傷勢的嚴重度有關，也跟疼痛的情境以及個人對疼痛賦予的意義有莫大的關聯。

家寶極其局限的生活經驗，以及過往順遂的求學歷程，加上「自我至上」和「利益至上」的價值觀，讓他的內心充滿矛盾。家寶一方面認為自己的學業表現出色，是個特別出色的存在，理應受到更多的關注，但他卻發現沒有人了解他，沒有人關心他、在意他，從父母到網友皆是如此；另一方面他也知道，放棄了學業的自己，是社會普遍看不起的啃老族，但他覺得千錯萬錯全都是父母的錯，是父母的逼迫與壓力造成這樣的狀況，所以父母必須不斷滿足他的需求，甚至必須包辦他的一輩子。

內心種種的糾結與衝突，讓他對生活越來越不滿意，而嚴重的認知失調，也讓他的性格越來越扭曲、混亂。他不知道自己的目標，找不到人生為何而活的意義感。於是，他開始反覆構思，要做一件讓所有人都注意到他的事情，一件轟轟烈烈、別人不得不關注的事情，好證明自己的存在，並彰顯出自己的意義，而不管這件事會造成多大的傷害。

檢視自我生命的核心

用物質享受填滿生命意義，將會扭曲人心

缺乏生命意義的家寶，試圖從物質享受中獲得滿足，卻只換來更多的空虛，最後甚至差點因此釀成慘劇。

榮格曾說，意義能使人忍受許多事情，可能包括每一件事。

相對地，缺乏意義感，則可能會使人無法面對任何事情。

亞隆從治療垂死的癌症病人身上一再發現，意義感對人們的重要性。經驗到深刻意義感的人，生活顯得更加充實，他們在面對死亡時，較缺乏意義感的人不絕望。他觀察病人身上最重要的意義感來源是「利他」——服務他人、參與慈善活動，以及各種可以造福別人的行為[1]。

哈佛醫學院成人發展研究中的格蘭特研究（Grant Study）證明了這點。

格蘭特研究從一九三九年就開始，長期追蹤七百二十四位男性至今（長達七十五年以上），結果發現，影響個人一生中生活滿意度最大也最重要的因素，不是財富、不是名聲，也不是工作，而是關係。與身邊的朋友、家人或社群有良好、溫暖關係的人，不但比較健康，也比較幸福[14][15]。

財富、工作攸關個人能否滿足生活的基本需求，而名氣和社會地位會為人帶來成就感，我們無法完全否認它們的重要性，但它們絕對不會是人生唯一重要的事情。當我們犧牲生命中其他也很重要的一切來換取這些東西，將付出更為慘痛的代價。

就像家寶與他的父母一樣。

當父母將家寶視為社交炫耀的物品、傳宗接代的附屬品，只關心會影響未來發展的課業成績，而忽視家寶的想法、感受以及身為人的主體性，將自己的需要和家寶的需要畫上等號，用一種對待寵物的方式對待他——乖就好、不吵不鬧就好，家寶也會學到用這種方式對待父母。

當家寶將父母視為提款與提供生活照顧功能的工具，無視父母的想法、感受以及他們為自己所付出的心力時，父母也會用同樣的方式無視他、放棄他。

一旦關係長期陷在這種惡性循環中，沒有人主動做些什麼去打破時，這段關係就難以修復，再也回不去了。

時常檢視生命的核心

當社會整體氛圍都理所當然將每個獨特的個體，視為推動經濟前進的工具，還將所有問題責任歸咎於個人以及家庭身上時，最終必然得承受被這種氛圍扭曲、擠壓而變形的人心反撲，創造出像家寶這樣沉溺在物欲裡的罪犯，付出毀滅性的代價。

因此，個人、家庭乃至於整個社會，都必須提醒自己，要常常檢視自己奉為圭臬的生命核心究竟為何？是否需要調整以及如何調整？以免在無意間迷失而不自知。

↓如果你認為父母必須滿足自己的所有需求，並要為自己的人生負所有責任的話……

＊家，需要其中所有成員共同經營，每位成員都有責任。

＊父母有教養子女的責任，但這責任到成年為止，不是永無止盡。

＊想想自己有沒有盡到為人子女的本分。

＊檢視父母的問題時，也請以同等標準檢視自己的問題。

＊希望父母對自己包容、付出前，先想想自己有沒有同等地包容與付出。

＊想想自己是怎麼對待父母的。

＊希望父母關心、照顧自己的同時，檢視自己是否有同等地關心與照顧。

＊做任何事情前，先想想後果，以及對自己、對別人、對父母可能造成的傷害。
＊想想被傷害的感受。
＊停止傷害的行為。

↓如果你認為成績是子女求學過程中唯一重要的事，只需要提供物質滿足的話……

＊成績可能會影響子女的未來發展，所以成績很重要；但影響子女發展的因素不只成績，成績以外的人際、行為、品行、自我控制等也很重要。
＊重視成績，也要重視成績以外的所有事情。
＊基本的物質需求滿足能提供子女成長所需，但成長所需的不

只是物質，還有心理層面，而這需要父母很多的引導。

＊父母的陪伴能提供子女身心的養分，跟物質滿足同等重要。

＊父母的陪伴不只是陪伴，而會停留在子女的大腦神經迴路中、內化在他們的心裡，持續地滋養他們。

＊再怎麼忙都要留時間給子女，陪伴他們，常和他們溝通。

＊親子互動發生問題，必須提早處理，必要時尋求專業協助，例如可以跟子女說：「對於你的現狀，我們很關心、很擔心，也很慎重看待，希望我們可以好好討論彼此怎麼調整。」

找回生命意義的思考練習

我們可以常常提醒自己，思索以下幾個問題：

一、我認為生命中最重要的事情是什麼？我如此認定的原因為何？

二、我花了多少時間與心力在這些我認為重要的事情上面？這樣做如何影響了我的生活？

三、我如何對待身邊的人？特別是那些對我來說最重要的親人、朋友？

四、我有沒有看見身邊的人為我付出了什麼？我如何回應他們的付出？我又為他們做了什麼？

五、整體社會氛圍對人們傳遞出了什麼樣的價值觀？特別是關於人生，什麼是重要的、什麼是不重要的？

六、社會傳遞的價值觀如何影響了人們的生活？作為一個獨立思考的個體，可以如何看待這樣的價值觀？

七、我們可以做些什麼來影響社會所傳遞的價值觀？

八、我們可以做些什麼影響身邊的人以及下一代？如何讓健康有益的價值觀流傳下去？

09

你要什麼都給你了，為什麼還覺得不夠？

——用百依百順取代教養責任

「你這個不知長進的不肖子，枉費我們這麼疼你，整天遊手好閒，老是跟這些狐群狗黨混在一起，真是沒救了你……」

欽世腦海不斷想起那日父母當著朋友的面，讓他難堪的話語。

「都是你們的錯！誰叫你們讓我沒面子，誰叫你們不給我錢，反正那些錢遲早還不是我的……」欽世邊將汽油潑灑到這個他住了幾十年的房子、養育他長大的家，邊在口中念念有詞。

是什麼，讓這段慈愛的家人關係，變成了恐怖的仇人關係？

變質的王子

欽世從小備受呵護，富裕的父母對他極盡寵愛，讓他穿最好的衣服、吃最好的美食、用最好的用品，茶來伸手，飯來張口。

開始上學之後，欽世希望有一個舒適的個人房間，於是父母請專人替他打造特製的大套房，裡面有電視、電腦、平板、冰箱以及整櫃他最愛的玩具、遊戲，全都是剛上市的新品，只要他開口，父母幾乎是任他予取予求，要什麼有什麼。

高中時，父母在欽世的要求下，買了摩托車給他，愛出風頭的他，將摩托車消音器拔掉，改造得又酷又炫，經常騎著摩托車，到處打架鬧事，成了警方的頭痛人物。大學時，父母又買了車子給欽世，只想玩樂的他，經常開著車子到處鬼混，大學念了五年還是無法畢業。

既然求學不順，父母只好請欽世到家族事業的工廠上班，他卻嫌辛苦，不願幫忙。他仔細算過，父母的總資產，足以讓他花到下輩子，既然家裡這麼有錢，為什麼還要工作呢？於是他每天拿著父母給的大把鈔票，遊手好閒地四處遊蕩。不甘寂寞的他，到處呼朋引伴，結交許多酒肉朋友，時常出入酒店、賭場等聲色場所，甚至開始吸毒。

父母給的生活費，逐漸不敷欽世的鉅額開銷。對錢索求無度的他，常常為了拿不到更多的錢與父母爭吵。

欽世出生時，父母曾經覺得幼時的他聰明伶俐，是與眾不同的特別存在，將來一定能繼承家族事業，並將之發揚光大，因此非常溺愛他，覺得若是給他所需要的一切，順著他的本性發展，自然會發展成傑出的人才。因此，父母不曾對他的行為有過任何的厲言指正，萬萬沒想到，這樣一個如王子般捧在手心上的獨子，卻變成家裡最大的災難。

看著欽世的行為越來越偏差，父母感到非常痛心。某次欽世在家中宴請一群酒肉朋友時，忍不住當面指責他非但不求長進，還敗壞家風，淨結交些狐群狗黨，這番指責讓欽世怒火中燒，用力推了父母幾把，大罵髒話甩門而去。

心有不甘的欽世，離開家後越想越氣，買了幾桶汽油，預謀縱火燒死父母，再佯裝成意外事件，藉此詐領保險金，並順勢繼承父母所有遺產。他找了幾個朋友商量縱火細節。

到了預定縱火當天，欽世一群人因為太緊張，在潑灑汽油與點火時燒到自己，一行人都受傷送醫，而他們縱火引起的火勢也很快就被撲滅。

康復後的欽世等人，重罪定讞入監服刑。父母則對欽世徹底失望，搬離住所，銷聲匿跡，與欽世從此一刀兩斷，不再聯繫。

得寸進尺的貪婪

無聊背後的存在空虛

「無聊」是當代常見的一種現象。

這世界發展出五花八門的方式，協助人們對抗「無聊」，除了各種遊戲機、線上遊戲之外，網路的各類聊天室、社群網站、影音網站、多元的電視節目、電影、大型購物中心、遊樂園……等，也都能讓人打發時間。

矛盾的是，越來越多的刺激，帶來的卻是更多的「無聊」。為了減少「無聊」，人們進一步追求更多的刺激，如此陷入無限循環。

心理學家珊迪．曼恩（Sandi Mann）觀察到，許多人因為無聊，而惹出了各種麻煩，包括賭博、吸毒、情色、暴力等；有些人則是透過冒險的極限運動來驅散生活中的乏味；另外一些人則耽溺於美食或購物之中[16]。

無聊其實和過度安逸有很大的關係。精神醫學家法蘭克認為，無聊是一種存在空虛的特徵，當個人心理處在一種可怕的空虛狀態時，就會湧入填滿空虛的症狀，包括酗酒、憂鬱、犯罪、強迫症、過度縱欲、不怕死地冒險，而這是出於尋找意義失敗時的表現。現代人的兩難在於不再順從本能說必須做什麼，也不再聽從傳統教導我們必須做什麼，但也不知道自己想要做什麼。

含著金湯匙出生的欽世便是如此。富裕的家境讓他衣食無缺，即使不工作也能過著優渥的生活，他不聽從父母師長的教導，認真向學培養一技之長，不知道也不去尋找自己的目標，過著遊手好閒、什麼享樂都想要，卻什麼努力都不想付出的空虛生活，放任自己成為欲望的奴隸，終至末路，還想拉家人陪葬。

得寸進尺的溺愛

史丹佛大學的社會心理學家強納森．費里德曼（Jonathan Freedman）和史考特．弗雷澤（Scott Fraser）曾做過一個特別的研究。

他們讓研究人員假扮義工，向部分民眾說明該地區常出現交通事故，詢問他們是否有意願在院子裡豎立巨型的「小心駕駛」告示牌，告示牌非常大，大到會破壞住家和花園的外觀。結果，只有非常少數的居民同意。

接著，研究人員找了另一部分民眾，用同樣的理由，徵詢他們在院子裡設立一個不會影響住家與院子外觀的小型告示牌，結果多數的居民都同意了。兩週後，研究人員詢問同一批居民設立巨型告示牌的意願，有高達七五％的居民都同意了[17]。

這就是「得寸進尺」，先由微不足道開始，再逐漸擴大的效應。被要求的人一開始覺得這要求對自己沒有妨礙，又能助人，很容易就答應，面對隨之而來更大的要求，可能會因為之前助人的愉快以及正面的自我形象，而答應這個會影響生活的要求；而提出要求的人，可能也會食髓知味，胃口越來越大，認為對方理所當然要答應自己的要求。

這就是發生在欽世與其父母身上的現象。

欽世一開始的物質需要，對富裕的父母來說不過是九牛一毛，能讓兒子每天開開心心，又能當個別人眼中的好父母，何樂不為？

但隨著時間過去，父母任其予取予求，讓欽世的物質欲望變得越來越強，要求越來越過分，欽世也將自己的欲望獲得滿足視為理所當然，如果得不到滿足，就是父母的錯。父母的一切都是他的，也都要聽他的。

至此，父母對欽世來說，已經不是父母，而是服侍他的工具了。欽世的內心，在這樣「得寸進尺」的溺愛中，已經完全變質了。

金錢與道德

父母從小用金錢來寵愛欽世，即使欽世成年以後不工作，每個月都還是可以從父母手上領取數萬的零花費用。對父母來說，金錢是他們表達愛的方式，他們認為金錢可以讓欽世買他需要的東西、過他想要的生活。金錢是疼孩子、讓孩子幸福最好的方式。

這樣的價值觀背後，其實彰顯了社會對金錢利益與物質享受的過度重視——有錢就是好的、有錢最重要，有錢除了可以使人衣食無虞外，更能讓人過著優渥的物質生活。

然而，這真的是最重要的嗎？金錢真的能對個人，或對這個社會帶來正面的影響嗎？

事實上，研究顯示，越有錢的人、社會經濟地位越高的人，越可能會因為對自己的福利特別重視而更加貪婪，而貪婪的心態，讓他們在追求個人利益中，傾向放棄道德原則，使他們更可能出現更多不道德的行為。心理學家進行了幾項研究，證明了這點[18]。

這些研究包括了：一、代表高社經地位的昂貴品牌汽車駕駛，比一般品牌的汽車駕駛更容易在十字路口違規轉彎，也更容易不禮讓行人先過馬路；二、高社經地位者較低社經地位者，更容易表示自己在某些情境下會從事不法獲利的行為；三、高社經地位者比起低社經地位者，會吃掉更多研究者表示要留給附近實驗室兒童吃的糖果；四、高社經地位者貪婪的態度較其他階層更為明顯，而貪婪態度會影響他們在擔任某工作的雇主時，決定是否告訴求職者關於該工作穩定度的真相；五、從高社經地位者的貪婪態度，可以有效預測他們在實驗活動中為了獲得現金獎勵，出現作弊行為的可能……等。

研究者分析這些研究結果後發現，整體而言，高社經地位者在自然情境與實驗情境下，都比低社經地位者出現更多不道德行為。

研究者認為，之所有會有這樣的現象，可能是因為高社經地位者的職業具有較高的獨立性和隱私性，讓他們比較少受到約束，因而降低了對不道德行為有關風險的覺察力，而他們也有更多的資源來因應不道德行為可能要付出的代價。

此外，高社經地位者獨特的內在自我結構，也可能是影響他們重視個人權利而忽視行為結果的因素，他們關心自己的目標，而不在意他人評價的狀況，可能導致更多不道德行為的傾向。在這些因素綜合影響之下，形塑出高社經地位者的獨特文化，促進了不道德行為的產生。

研究者認為，更多的資源以及減少依賴別人的環境，會塑造自我中心的認知傾向，進而強化貪婪是正面的價值觀，而經濟學教導人們要將自身利益最大化，也可能導致人們將貪婪看成是有益的。

在組織中擔任領導者的高社經地位人士，更有可能接受過以經濟學為導向的訓練，加上他們身處強調自身利益的環境中，使他們形成「貪婪是好的」的價值觀。

但研究者也強調，高社經地位者中，還是有像比爾．蓋茲（Bill Gates）等致力於慈善事業者，因此社會階級與不道德行為之間的關係不是絕對的。但追求自我利益確實是社會菁英階層根本的動機，對財富與社會地位的匱乏感會促進不道德行為，而有利於增加個人財富與地位的不道德行為，加劇了社經地位的落差，促使了人們維持追求高個人利益的動機。

在金錢中長大的欽世，眼裡沒有父母，只有利益；心中沒有溫度，只有貪婪。利益與貪婪的養分，培育出了毫無自省能力、自私自利的怪物。

物質的滿足無法滿足一切

失控的金錢欲，使人物化周遭的事物

生命存活需要水，但超過身體所需的過量水分，會導致血液內的電解質被過度排出體外，體內電解質如果降至低於安全標準的濃度，便會引起低血鈉症，影響腦部運作，最嚴重時甚至會導致死亡。

金錢也是如此。金錢是滿足基本生理需求所不可或缺的，但不斷追求遠超過所需的金錢，並用金錢塞滿所有空隙時，反而會造成問題。

過量的金錢會排除其他生活所必須的養分，特別是心理層面的養分，使人眼裡只剩下錢，覺得所有問題都可以用錢解決，相對地，沒有錢，就什麼都不會。

利益至上將帶來毀滅性的結果

以極度利益的眼光看世界時，所有人的價值，都可以被金錢所衡量，也可以被金錢所取代，一旦至此，生命將不再是生命，人也將不再是人，而是一種生產錢的工具，一旦無法產出金錢，就沒有了價值，隨時可以被毀滅丟棄。

對欽世來說，金錢是他的衣食父母、是治療所有問題的萬靈丹，更是他的全世界，只要是為了錢，其他什麼都可以捨棄不要，包括他的人性。

對錢看重至如此地步時，錢就變成一種會讓人成癮、病入膏肓的可怕毒藥了。而一再沉溺在這種毒藥中，飲鴆止渴，將讓自己不再是自己，而是受金錢與本能欲望驅使的奴隸罷了。

↓如果發現自己對錢的追求程度，比周遭的人更加強烈……

＊父母所提供的金錢滿足，是出自於對子女的疼愛，而不是理所當然。

＊想想父母的付出與疼愛，檢視自己的回應。

＊錢很重要，能買很多東西，但也要認清很多東西不是錢買得到的，特別是人與人之間真心的情感與互動。

＊若把一切的價值都用錢去衡量價值，也會被別人用錢衡量自身價值。

＊如果都用錢來跟人互動，只會交到受錢吸引的人，一旦身上沒有錢時，這些人自然也會因為沒有油水可撈而鄙視你、離開你。

＊除了錢以外，你還有什麼是值得別人肯定的？值得自己肯定的？

↓如果因為疼愛子女，就用滿足他所有物質需求的方式疼愛他、討他歡心……

＊成長過程如果只有錢和物質的養分，子女長大以後只會認得錢，只懂得追求無止盡物欲的滿足。

＊可以提供子女適度的物質滿足，但也要教導他們學習分辨與控制自己的物欲，而不是被物欲牽著走。

＊教導子女有計畫地使用金錢，以及合理的使用方式，而不是放任其隨意揮霍。

＊讓子女知道，錢很重要，但這世界上還有很多比錢更重要的事情。

＊讓子女知道，錢是父母努力工作得來，不是理所當然的，讓他們知道你們的辛苦與付出。

＊適時表達對子女的愛。

面對物質欲望的思考練習

金錢的魔力很容易讓人盲了眼，以物化的觀點去衡量所有事情，因此在面對金錢的誘惑時，可以好好想想以下幾個問題：

一、錢的功能為何？用途有哪些？

二、什麼是用錢買不到的？

三、想一下自己主要把錢花在哪裡，這些支出是生活基本必需品嗎？還是非必需的奢侈品？如果是後者，可以進一步思考，自己從這些奢侈品中獲得什麼？這些奢侈品最後到哪裡去了？留下些什麼？

四、我想要的東西，是不是我真正需要且會用到的東西？

五、還有什麼是跟金錢利益同等重要，甚至更重要的事情？如何把握或經營這些錢以外的重要人事物？

六、我是否常會用金錢衡量別人的價值或自己？個人的價值還可以用什麼錢以外的標準來衡量？

七、我花多少時間和心力在追求超過生活所必需的金錢？這對生活帶來什麼影響？

Ⅳ

自我的物化

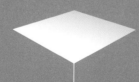

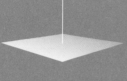

每個人都希望自己是特別的，
因此我們竭盡全力，想證明自身的價值。

無論是無止盡地向上爬升，成為工作狂；
或者是貶低別人，抬高自己；
抑或是吹毛求疵，追求完美無缺的表現……
都是為了證明自己。

然而，我們都有想法、有感受、有喜怒哀樂，
我們的存在不是為了符合那些外在評價和標籤，
而是為了展現自己的獨一無二……

10

我一定要努力往上爬

——用世俗的成功定義自身價值

約翰想要改革公司，讓公司從只追求營業額的利益至上，調整成願意兼顧顧客身心健康的良心事業，他認為賺錢與公益，只要拿捏得宜，並不衝突。

約翰把這樣的理想，告訴彼得。

兩人是工作上最重要的夥伴，在工作上的理念、做法都非常契合。

約翰相信彼得可以理解他的理想，而彼得聽完後也表示非常贊同。

然而事後，彼得卻私下集結公司對約翰的反對勢力，最後逼得約翰黯然卸任。

是什麼，讓這段合作無間的夥伴關係，變成水火不容的敵對狀態？

沒有極限的成長與進步

陷入利益的黑洞

約翰是一家社群網站的負責人，從上線之初就廣受歡迎，吸引眾多網友註冊加入，透過網站的廣告收入，每年營業額達到上億元，後來甚至還上市上櫃，前景無可限量。

之所以能獲得如此高額的廣告收入，其實是因為該網站私自蒐羅使用者的偏好、照片、分享的文章以及個資等大數據，作為持續更新網站介面功能、開發新商品、提供其他企業發掘客戶之用。

約翰認為，自己的網站並沒有向使用者收取任何費用，使用者想要無償使用，本來就應該付出相應的代價，他只是將使用者瀏覽時必然會留下的紀錄，當成一種商品，雙方只是各取所需、互相消費而已。為了避免爭訟，他還與公司的法務人員討論出遊走在法律灰色地帶的個人資料使用方式，以規避任何可能的罰則。

此外，為了將公司維持在顛峰狀態，賺進更多的錢，讓他可以擁有更多的權力，約翰一直不斷想擴張公司的規模。他要求員工要讓網站的服務推陳出新，不斷吸引新用戶，還與遊戲公司合作，在網站上架設免費的遊戲平台，透過網站蒐集的既有數據，分析使用者的習慣、偏好、互動對象等，設計出讓人沉迷、甚至無法自拔的遊戲。

遊戲公司的老闆就是彼得。兩人時常討論如何透過搜尋引擎、網路廣告與意見領袖代言等，再度擴大自身的影響力，並讓利潤不斷增加，畢竟這正是支撐公司運作的根本，也是公司事業的基礎。

他們無法忍受停滯，無論是公司的停滯或自身的停滯，因為停滯就代表落後，他們不想像那些不知長進、庸庸碌碌的井底之蛙一般，他們必須要出類拔萃、日日精進，知識、技能以及資產都在領域中維持領先。他們非常滿意一直往前邁進的感覺。

利益黑洞的崩塌

隨著這款遊戲社交平台風靡社會，也引發了知名學者的討論與關注，他們注意到沉迷 3C 產品、網路與遊戲對人帶來的負面影響，特別是對兒童與青少年的嚴重戕害，陸續對世人提出警示：3C 螢幕不但會改變腦區的神經連結，也會破壞腦功能，而強烈的聲光效果更會降低大腦對身旁環境的敏銳度，造成分辨虛擬與現實的能力受損，嚴重的話，甚至會進一步導致注意力不足過動症、情緒障礙、甚至幻覺幻聽等情感性精神疾患。不安全的線上環境、網路社交，更會助長諸如人口販賣、網路霸凌以及少年校園屠殺等犯罪行為出現[19]。

學者的大聲疾呼，當然對約翰和彼得的經營形成了挑戰。然而直到約翰某天發現自己青春期的女兒，竟然也在凌晨時分，挑燈偷玩著自己開發的遊戲平台時，他以利益為尊的世界瞬間崩塌了。

約翰突然意識到，到底為什麼要進步？要進步什麼？怎麼進步？進步到哪裡去？他早已擁有一輩子用不完的財富，即使不工作，他和家人也絕對生活無虞。回顧過去，他發現自己卡在「不得不往前」的漩渦中，不斷締造事業新紀錄，無止盡地拓展事業版圖，完全沒有活在當下，也無視眼前許多珍貴的人事物。

於是，約翰決定開始改革，他不再以利潤至上，而是改將大眾身心健康列為商品研發的考量重點，這也想當然耳地導致公司營收下降，引發彼得與股東們集體反對，認為他不適任董事長職務，要求他放下公司的經營權。

彼得認為，約翰已經不是以前那個約翰了，而是兩人合作過程中的叛徒。失去好強爭勝企圖心的約翰，不過是個持續退步的庸俗分子，只會對他的事業造成妨礙。

對彼得來說，成就與金錢就是他生存的價值，一旦停滯，就等於否認了他人生的價值，凡是阻礙他前進的都是敵人。他以為約翰跟他一樣，能夠理解那種不顧一切、勇往直前的熱血沸騰，可以跟他一起追求活著的前進感，可惜他看走眼了。於是，彼得雖然表面上支持約翰，稱讚他是個有理想和社會理念的企業家，但私底下卻動用人脈與財力煽動與贊助反約翰的勢力。因為現在的約翰對他已經沒有任何利用價值了。

約翰在這種局勢下黯然交棒，放棄這個他從無到有辛苦建立的事業，但也轉而將專業與心力投注在推動社群網站和遊戲改革運動，成立獨立學術研究單位，讓有志於此的學者專家，可以共同研究降低網路和遊戲對人們傷害的方法，並將之大肆推廣。約翰與彼得自此分道揚鑣，原本的夥伴關係完全轉變為對立關係，再也回不去了。

好還要更好的菁英迷思

無止盡進步的文化氛圍

我們的文化鼓勵進步。

畢竟，在這各方面都日新月異的時代，永遠都有推陳出新的知識、技術、觀念，幾乎所有的事情都不斷在更新。因此，從小我們就被教育要不斷地努力、持續地學習，讓自己可以不斷地向前邁進。「學無止境，不進則退」形成了整體的社會氛圍，期盼整個社會，可以永遠往積極的方向前去。

當這鼓勵進步的氛圍被極端地膨脹後，對某些人來說，反而會成為一種無法脫身的內化詛咒，讓個人成了一種不得不向前的機器，好像一旦停下前進的腳步，就會落後，接著被淘汰、被邊緣化，最後流離失所。這種害怕停滯的恐懼，讓個人將時間視為敵人，在追求無止盡的進步中，將自己一生的精力燃燒殆盡。

約翰和彼得正是深陷在主流文化中過度膨脹的「無止盡向上提升」的價值體系裡，讓他們對眼前的一切視而不見，只聚焦在未來那個可以無限制向上爬的自己。他們自以為主宰了自己生存的價值觀，其實不是，反倒是被自己以外的文化體系所支配卻不自知。

欠缺自覺的內側前額葉皮質

我們大腦中的內側前額葉皮質是受他人影響的核心，容易將別人如何評估自己的看法，當成我們對自己看法的替代品。科學家以功能性磁振造影做了一系列的實驗，證明這點。

認知神經學家阿米爾．瑞茲（Amir Raz）找來受試者接受催眠，讓他們看顏色名稱與墨水顏色相同（例如用紅色墨水寫上「紅色」兩個字），或是顏色名稱與墨水顏色不同的字（例如用紅色墨水寫上「藍色」兩個字），墨水顏色與顏色名稱相同的字，因為沒有認知衝突的問題，所以這狀況下被辨認出來的速度，比兩者顏色不同的字快。

高度易受催眠影響的受試者，會將文字視為沒有意義的字母，因此他們辨識顏色名稱與墨水顏色不同的錯誤搭配，速度比不易受催眠影響的受試者快上許多。瑞茲檢查兩者之間的神經差異，發現關鍵在於內側前額葉皮質的反應不同。

認知神經科學家利伯曼的實驗，也證明了內側前額葉皮質是大腦中受外界影響的關鍵。他們找來一群受試者，先詢問他們對於使用防曬品的態度和習慣，接著讓他們進入大腦掃描儀中觀看皮膚醫學會等單位對於使用防曬品的說服訊息，一週後再確認他們使用防曬品的實際情形[3]。

結果發現，大腦內側前額葉皮質的活動，可以精準預測研究受試者是否被說服使用防曬品，而且效果遠比受試者口頭表達使用與否的預測力還要好。事實上，受試者口頭告知研究人員的使用情形與實際狀況關聯度很低；而內側前額葉皮質反應越活躍的，事後越會增加防曬品的使用量。

科學家進一步做了類似的研究，他們讓參與者觀看甲、乙、丙三個戒菸廣告，詢問這些有抽菸的參與者哪個廣告最有效，他們的排序由高至低是乙、甲、丙。但由實驗當天（戒菸前）以及一個月以後（戒菸後）肺部一氧化碳濃度的生物測定（可衡量抽菸多寡）發現，其實丙的效果最好。而這樣的實際結果，與內側前額葉皮質活躍程度的預測結果相同。也就是說，前額葉皮質的預測效果優於參與者自行回報的內容。

這些研究結果顯示，訊息進到內側前額葉皮質改變想法後，會驅動人們去執行改變的行為，但個人對訊息所造成的內在變動，卻毫無自覺。研究同時也說明了，人們除了不擅長預測自己的行為外，也很容易受到外界的影響而不自知[3]。

「不斷向前進步」、「利潤越多越好」的進步主義文化價值觀，就這樣根深蒂固地釘在約翰和彼得的內心，主導著他們的事業與人生目標，盲了他們可以看見當下的眼，當下的一切都是用來構築未來高塔的材料，客戶也不過是建材必需品。功成名就的人在這個社會受到讚揚、受到鼓勵，受到鎂光燈的青睞，受到關注，一舉一動都是焦點。他們沒能理解，他們賴以為生的人生意義與個人價值，或許不見得是他們真正想要的，而是這個不斷鼓吹創造消費的社會氛圍，植入他們腦海的一種迷思。

對幸福的錯誤認知

賺更多的錢是全世界共同推崇的目標，也是約翰和彼得的人生目標，但這真的能讓人幸福嗎？

研究顯示，金錢與幸福的關聯其實沒有想像中大。經濟學家發現伊斯特林悖論（Easterlin Paradox），指出更多的財富，不見得可以帶來更多的幸福。學者檢視美國一九四六年到一九九〇年的人民所得水準增加超過一倍，但人民幸福感卻沒有任何增加；日本在一九五八年到一九八七年間，國家實質所得增加五〇〇%，但幸福感卻維持在原本的水準。

許多的研究都得到類似的結果，只有當所得低於貧窮線時，增加金錢可以顯著提高幸福感，但當所得高於貧窮線，基本需求得到滿足時，所得的提高，對提高幸福感的影響非常有限。相較之下，人脈與關係（例如婚姻、交友）等社會因素對幸福感的正面影響，則高於所得因素[3]。

定義自己的，不是成就與地位

認清自己創造的「永生幻象」

在這個鼓勵追求權勢以及名利的社會中，即便我們已經擁有夠用的財富，還是會將心力耗竭在索取遠超過自己所需的資源上，以壓榨、欺騙以及傷害的方式，貪婪地吸取別人的血汗來墊高自己，活在虛幻不實的未來中，創造出一種彷彿可以讓自己無限地延伸到未來的未來，而不會死去的永生假象。最後不僅毀了別人，也毀了自己。人們對這種無限進步的虛幻永生假象著迷不已，不惜以破壞環境和犧牲同類與其他物種，來創造出遠超過自己需求的奢侈品，以證明自己的無所不能，代價卻是連同整個地球一同陪葬。

如同當初的約翰和後來的彼得，明知公司創造的產品對人的負面影響越來越多，卻為了獲得遠超過自己所需的財富和成就感，無視對產品使用者的傷害（網路與電玩成癮已經是世界性的嚴重問題，也被相關的醫療衛生組織正式列為一種疾病），以各種不實的手法中性化甚至美化他們所造成的傷害，最後對整個社會帶來了難以修復的缺口，卻仍沉浸在這種「永生幻象」中不可自拔。

接納「無根」的焦慮，重新審視自身的價值核心

在當今的社會氛圍下，我們很容易跟約翰與彼得一樣，迷失在「無止盡向上提升進步」或「無止盡追求更多財富」的循環中，藉此否認個人的有限性。

哲學家大衛．休謨（David Hume）曾說：「不可能有永無止盡的進步，也不可能每件事一定要有別的理由。有些事本身就是理由，因為它符合人的情感。」[1]

跟著社會主流價值觀而活，無止盡地追求名利，可以讓我們有

種不停進步、將個人無限延伸到未來的強大感，這樣的強大感，可以讓我們迴避所謂的「無根焦慮」——這是指當人們意識到對自身生活擁有如何設計、架構的自由，以及該自由所賦予的絕對責任，而無法將自身的責任推給自己以外的任何人時，所產生的焦慮。迴避這種焦慮，將使我們沉浸在虛幻的自我感覺良好中而不自覺。

這是很危險的，我們會因此迷失了自己，忽略了自己真正重視的價值，如警醒後的約翰突然體悟到，對他而言真正重要的並非不斷累積超過他需求的財富，而是好好陪伴家人，並運用自身能力替家人以及其他人創造一個好的生活環境，而過去的他，卻做了許多違背這些價值的事情，令他懊悔不已。

↓如果你發現自己分秒都在追求更高成就，畢生精力都在追求更多財富……

＊想想追求遠超過生活所需的金錢所付出的時間、健康，以及沒時間陪伴家人等各種代價。

＊遠超乎所需的金錢，帶來名氣、權力，卻不見得有對等的幸福感。

＊不擇手段追求龐大利潤的過程，可能會傷害了許多人。

＊想想這些受傷害者的感受。

＊想想自己在工作上對下一代樹立了什麼樣的典範。

＊檢視自己生命的價值核心。

讓不斷前進的自己喘口氣的思考練習

當我們在追求財富或工作成就時，可以思考以下幾個問題：

一、我追求財富或工作成就，是基於滿足現實生活需要，還是已經遠超過我所需要的？

二、超時超量工作，是為了讓自己有種無限進步升級的滿足感？還是為了消除停滯帶來的空虛感或毀滅感？

三、我追求財富或工作成就的方式，是否對他人造成嚴重傷害？我對這些傷害如何處置因應？

四、我會希望別人用我對待別人工作時的要求，來對待我或我親愛的家人嗎？

五、在追求財富或工作成就的過程，我用的方式會對他人的處境或感受造成何種影響？我會希望這種影響出現在我或我親愛的家人身上嗎？

六、在從他人或社會索取資源來成就自己時，我有想過自己的社會責任是什麼嗎？可以為他人或社會付出或貢獻什麼嗎？

縱然我們可以藉由自己的努力創造出財富與成就，但不可否認的是，我們一定也從這個社會或他人身上，索取或掠奪了他們的有限資源，而這並不是理所當然的，個人再怎麼傑出，也一定需要外界的滋養才能成長。忘記這點，只著眼於個人利益，無視他人傷害者，終究會為自己帶來毀滅。

11

你們這些人都比不上我

——靠優越的表現貶低他人

一回到家裡，蓓姬就把在公司累積的怒氣一股腦宣洩出來。

「我明明比公司的任何同事都還要優秀、還要有能力，但是居然有人不贊同我提出的意見，也不優先把大案子交給我，難道我跟其他那些平庸的人沒有差別嗎？你說我氣不氣！」

「別氣別氣！爸爸知道妳是最棒、最優秀的！是他們不懂，他們都在忌妒妳、打壓妳！」爸爸輕聲細語，溫柔地安慰著蓓姬。

事實上，除了爸爸以外，蓓姬身邊的人，幾乎都不喜歡她，她的狂妄與傲慢往往讓人喘不過氣。

是什麼，讓這位爸爸眼中甜美可人的優秀寶貝，變成了旁人眼中充滿壓迫感的自大狂？

虛假掌聲豢養而成的公主

人脈堆疊而成的權力

靠著握有公司多數股份的父親，本身學歷和資歷等客觀條件也足夠亮眼的蓓姬，以空降的姿態，走後門進入了公司的管理階層。

進公司後，她依然積極討好高層，努力拓展人脈，以取得更多的權力，爭取到了幾個重量級的大案子，帶領旗下部門在公司大出風頭，甚至登上了媒體版面。有了這些優越表現的背書，再加上高層的信任與放任，蓓姬開始肆意妄為。

她理所當然地利用上班時間外出，甚至在外兼職，兼職收入已經超過她本職的收入，但她仍不滿足，不僅姿態越來越高，對同事頤指氣使，還把她在公司的分內工作，盡數分派給其他人做。

她在公司的時間，多半用於處理私人外務，跟本職有關的重要活動也不願出席，只是不停地對家人、同事、高層還有公司外的許多友人抱怨，她有多麼繁忙、多麼重要，又有多少人想要挖角她，她卻依然對公司忠心耿耿，公司卻還不給她更優渥的薪酬、更寬廣的舞台。她覺得自己這麼年輕就能位居高位，顯然比這裡的所有人都還要傑出，她應該得到的比現有的更多。

耐不住蓓姬多次的埋怨，父親動用自身關係，又讓蓓姬破格升等。同事們早就對蓓姬積怨已深，看到她這種不負責任的工作態度竟然還可以升等，簡直無法置信。雖然多數人都不滿蓓姬的傲慢自大，但敢怒不敢言，面對她的高姿態表現得唯唯諾諾，沒人願意成為破壞表面和平假象的兇手。

於是，在蓓姬主導下的部門也有樣學樣，掌握了一定權力的資深同事，也開始效法蓓姬欺負資淺同事，將自己的分內工作轉交他人。那些原本不齒或不屑蓓姬的同事，已漸漸在這個文化中，不知不覺變得跟蓓姬一樣。

認真努力爭取而來的權力

身為新人的正婷，在資深可以合理欺負資淺的辦公室文化下，被賦予最多的工作，卻領著最少的薪資，她常常在半夜或凌晨收到蓓姬或其他資深同事的工作交辦事項簡訊。工作壓力幾乎讓她喘不過氣，但考量到公司福利待遇穩定、制度完善，她不甘心也沒有本錢離職，因此只能把不合理的對待都吞了下去。隔了幾年，公司陸續招聘了新人，正婷終於成了資深員工的一員。以往那些欺負她的資深員工告訴她，她出頭天了，可以把工作再往下分派給新人。

但正婷卻沒有想要這樣做。她在新人剛進公司時，私下告訴他們這幾年自己的經歷，新人們也發現整間公司真的就如正婷所說，瀰漫著這種不合理的文化。

正婷告訴新人們，想要跟他們合作改變這個文化。因此，一群有相同理念的新人在正婷的號召下，利用各種公司會議積極發聲、合作反應，正婷也因而被蓓姬盯上，處處針對、刻意刁難。

正婷其實也很害怕衝突，但她覺得一定要做些什麼來改變不合理的現象，因此她告訴自己，不要屈服於害怕的情緒，要讓大家看見這些不合理的現象；她也期勉自己，要為新人樹立好榜樣。她不但沒有因為高層的施壓而退卻，反而更積極站上第一線。

越來越多的人看到正婷不畏強權，仗義執言，卻不停遭到打壓，紛紛主動跳出來聲援，認為正婷不該遭受如此對待，表示願意跟正婷同進退。這些人非但非常團結，勇於拒絕不合理的要求，但對於分內事務依然全力以赴，沒有任何把柄可被挑剔，再怎麼驕縱的蓓姬，也不敢無視眾怒，只能收斂自己誇張的行為，工作氛圍也從此被慢慢扭轉。

沒有人強大到不可取代

緩解焦慮的優越感

存在心理治療師亞隆認為，生活中許多困擾的背後根源，都與恐懼死亡有關，對某些人來說，死亡焦慮就像是背景音樂，生活中的任何風吹草動，都可能會勾起我們對於時光一去不復返的感嘆[20]。

哲學家齊克果也有類似的看法，他認為，人們害怕成為無物，喪失自己。羅洛．梅進一步提到，這種焦慮會同時從各種面向來攻擊我們，當我們無法定位這種焦慮時，就無法去面對，使之成為一種可怕的寂靜，引發無助的感覺，接著產生更進一步的焦慮[4]。

有些人以誇大自身的重要性來轉移這種瀰漫性的焦慮。這類人總是站在「優於他人」的特殊性位置上，彷彿自己是高等物種，而其他人等都是得臣服於其下的低等生物。一旦離開「自以為優越」

的特殊位置，就再也找不到立足之地，因為恐怖的死亡陰影，將撲天蓋地從各方面席捲而來。

蓓姬正是如此。權力加身，讓她享受著高人一等的感覺，這種透過吞沒他人所得到的強大感，消融了個人的有限性所帶來的焦慮，讓她看不見自己以外的人，跟她一樣有著自身的獨特性，而是將他人視為供自己驅使的物品。她志得意滿地活在自我感覺良好的世界中，有如世界是以她為中心運轉。

內心空虛的她，專注在幻想個人擁有無限的權力，誇大自己的「重要性」與「獨特性」，理所當然認為別人應該自動服從她，不停地壓榨別人來得到滿足。她常常忌妒別人，卻又認為別人在忌妒自己。藉由沉浸在這些不實的想像中，來逃離自己的空洞無物，逃離恐懼與焦慮。

融入群體的渴望

為何人們有時會變成連自己都不認同的樣子？

答案是：為了被群體認同。

社會認知神經科學家利伯曼認為，從我們出生那一刻起，能否與照顧者連結，並從中獲得生理需求的滿足，就成了攸關生死最重要的需求。他做了很多研究證實，我們的生物結構天生就被建構成渴望連結[3]。

渴望連結，讓人們努力追求被接納、被喜歡，做出符合群體期待的行為，即便這些行為可能不是自己所認同，我們也會說服自己這些行為是可以接受的，好當個合群的人，避免被排除在群體之外。

如同小說家路易斯（C. S. Lewis）說的：「想打進某個核心的渴望及被排除在圈外的恐懼，會占據所有人一生中的某些時期，甚至許多人從嬰兒時期至垂垂老矣，終其一生都被這些信念盤據……在所有熱情之中，成為圈內人的熱情最擅於讓本質還不壞的人做出罪大惡極的事。」[5]

當人們渴望融入群體，害怕被群體所排除的恐懼會使人否定個人的自主性，做出連自己都不認同的服從權威行為，以求成為主流社群的一分子。

社會心理學家史丹利．米爾格蘭（Stanley Milgram）的實驗證明了這點[5]。

米爾格蘭找來自願參加實驗的受試者，受試者被安排扮演老師的角色，而另一位實驗同謀則扮演學生的角色（實驗者讓受試者以為扮演學生或老師是抽籤隨機分配的，但實際上是由實驗者刻意安排好的）。

受試者被要求，指派給學生一組單字記憶，並進行測驗，當學生答對時給予口頭肯定；但是當學生答錯時，就要按下電擊儀器上的按鈕進行懲罰。實驗者告訴他們，實驗的目的是研究如何運用懲罰改善記憶與學習，而這個實驗結果將會帶來重要的科學價值。

電擊儀器上的每個按鈕代表不同的電力等級，最低的是十五伏特，最高的是四百五十伏特，每個按鈕以十五伏特為間距累加上去。儀器控制板上會顯示每個按鈕的電力等級與相應的描述，例如第十級按鈕一百五十伏特的描述是「強力電擊」；第十七級按鈕二百五十五伏特的描述是「劇烈電擊」；第二十五級三百七十五伏特的描述是「危險，激烈電擊」；而第二十九級四百三十五伏特和第三十級四百五十伏特的按鈕旁，則是三個不祥的大叉叉圖示，暗示該按鈕會造成極大的痛苦。

實驗開始前，扮演老師的受試者會先體驗四十五伏特稍感刺痛的電擊，接著與實驗者共同進入可以施予電擊的房間內，透過對講機替待在另一個房間的學生進行測驗。學生一開始表現良好，但很快開始出現錯誤，受試者在實驗者的要求下，逐一按下不同電力等級的按鈕。即便學生表示心臟不舒服，甚至尖叫表示非常痛苦，受試者也覺得不妥，一旁的實驗者依然堅持繼續實驗，並表示會承擔所有責任。

米爾格蘭請四十名精神醫學專家評估，會有多少比例的人從頭到尾完成三十級的電擊？專家們認為，多數人會在一百五十伏特的電力等級就停手，只有不到一%的人會做到底。但實際上，所有參與實驗的受試者中，六五%會無視學生的苦苦哀求，直到按下第三十級四百五十伏特的電擊鈕為止。在後續一年內，米爾格蘭陸續進行了十九次類似的實驗，其中一次甚至出現高達九〇%的人，一路按到最高等級的電擊鈕。

這證明，多數人會傾向避免與權威者對抗，選擇服從，即便他們認為該行為不恰當，還是會去執行其指令，以獲得權威認可，並迴避衝突。

權威往往是主流力量的象徵，獲得權威認可，某個程度代表符合主流社會的期待，表示我們可以在團體中占有一席之地，得到眾人的關照，而權威也從服從者身上得到肯定的能量，緊密地與服從者連結在一起。

我們可以在某些聚會或群體看到這樣的現象。自詡擁有某種神力的浮誇領袖，號稱可以為大家帶來福祉，即便大多數人都能明顯判斷其言行不符常理，而後續的事實也證實該領袖不過是謊話連篇，但依然會有人為了找到歸屬感，逃避現實真相的焦慮，而盲目追隨。當追隨者越來越多，領袖與追隨者會互相強化，成為一個牢不可破的高凝聚力團體，進一步吸引更多的人投入其中。

這也是為何蓓姬的同事們，即使不滿蓓姬，卻還是選擇順從。

因為蓓姬是辦公室中握有權力的人，如果不服從，就有可能被邊緣化。而蓓姬也因為他們的順服，滿足了被認可以及與他人連結的需要，進一步強化了她的自以為是。

降低盲目服從的關鍵

正婷之所以能夠成功推動改革，最重要的因素，在於她不但沒有隨波逐流，以前輩之姿壓迫新人，還能以身作則，為新人豎立良好的榜樣，才讓新人們團結起來，創造改變。正婷所做的，也是米爾格蘭在實驗中所發現，降低盲目服從的關鍵。

米爾格蘭發現，只要其中出現一個反抗實驗者指令的受試者，不願意持續按下越來越高等級的電擊按鈕，服從實驗者要求的人數比例，就會因此降到一〇％以下。

與權威或主流衝突，必須要冒著被排除於團體之外的風險，這對身處原始環境中的個人來說，是莫大的生存威脅，這威脅感一直留在我們內心深處，成為一種直覺，即便在文明世界，威脅感仍如影隨形。而與權威、主流融合在一起，可以暫時消弭這種威脅感帶來的不舒服。這便是為何多數同事在面對蓓姬的跋扈時再三隱忍，甚至變成同路人的原因。但這種因應方式，會把人們變成彼此互相利用的工具，複製更多的傷害。

優秀不等於指使他人的權力

停止將他人當成屏障不舒服的工具

其實蓓姬與正婷所面對的工作困境，都與恐懼死亡有關，即便她們沒有主觀意識到死亡焦慮，依然都深受影響。積極爭權奪利的蓓姬，藉由剝削他人，將群體併入自己的一部分來膨脹自我，轉移死亡焦慮，但死亡焦慮無法消滅、一直都在，於是她需要不斷蒐集外界褒獎，追求更多的權力，並持續壓榨他人來掩蓋焦慮，因而成為對權力需索無度的貪婪者，卻永遠看不清自己真正的問題。

唯有停止繼續將他人當成屏障不舒服的工具，誠實面對內心的感受，才能找到問題的核心，並加以處理。

相信自己有能力帶來改變

每個人都對自己所處的環境有影響力。就像米爾格蘭的實驗所揭示的，只要有一個人願意站出來反抗不合理的情境，這份勇氣就會傳遞給其他人，持續累積成足以改變體制的巨大能量。

正婷在面對與蓓姬同等的焦慮時，她選擇坦承面對，勇敢地與之共處，相信自己，不再將焦慮轉嫁至新人身上，才終止了複製傷害的循環。

↓如果你覺得自己很優秀，經常希望獲得旁人的絕對認可與服從……

＊理解每個人都有自己的長處。

＊打壓別人不會讓自己更好，只會顯示出個人的自大。

＊想想被打壓者的感受。

＊看到別人的好，別人才會看到自己的好。

＊承認別人的好，自己的好並不會有所減損。

＊常覺得除了自己以外的人都有問題時，往往是自己的問題。

＊要檢討別人的問題之前，要能先檢討自己的問題。

↓如果你在職場上遇到自視甚高，經常貶低他人的上司……

＊工作位階高的主管，不代表其所有的想法、做法都是對的。

＊當主管的專業與你不同時，請相信自己的專業，為自己的專

業發聲。

＊即使是主管，也無權貶低你的個人價值，對你進行不合理的壓榨、欺凌。

＊對壓榨、欺凌保持沉默，就是告訴主管他這樣做沒關係。

＊被壓榨、欺凌不是你的錯，是掌權者和體制的問題。

＊正視自己不舒服的感受，不要因外界物化自己，而跟著將自己貶低為沒有感覺、任人欺凌的工具。

＊面對不合理的壓榨，可以尋求同樣處境、志同道合者的協助，不要單打獨鬥。

＊為自己打氣：「遭受不合理的對待，不是因為我個人不好，而是制度和掌權者的問題，我已經盡力做好本分，我沒有做錯什麼事情，我要抬頭挺胸，以自己為榮。」

面對職場操控與服從的思考練習

面對不同關係情境的因應方式，都顯示了個人是如何面對內在的焦慮。面對職場上常見的操控與服從，我們可以好好思考以下幾個問題：

一、當我發現別人的優點時，我的想法與感受是什麼？佩服、羨慕，還是忌妒？

二、我是否很難看見或承認他人的優點，甚至會盡可能否認或掩蓋別人的優點？

三、我是不是常常需要別人大量的稱讚，希望群體的焦點總是在自己的身上？常常覺得自己是群體中最優秀的人？

四、我是不是常常花很多心思討好特定人士，以取得更多的權力？

五、我怎麼看待位階比我低的人？

六、我是不是常常會想要操控別人，一旦別人沒有照我所說的做，就會氣憤不已？

七、當別人的意見和我不一樣的時候，我通常會怎麼做？屈從、配合，還是堅持自己原有的立場？

八、對於權威人士提出的不合理要求，我都如何因應？

12

為了形象，我絕對不可以犯錯

——用推卸責任成就偶像包袱

「年輕人做錯了沒關係，要勇於承認，改進以後還大有可為！」立林在所有實習生面前說。

立林雖然沒有指名道姓，但眼神飄向梧樹。

大家都知道，他指的是梧樹。

梧樹低著頭，不發一語。

沒有人想得到，眼前這位形象良好、散發著溫暖氣息的前輩，居然會運用權勢，將個人過錯推給實習生。

是什麼，讓這位看似完美的長者，變成了誣陷晚輩的虛偽者？

不能出錯的偶像包袱

完美專業的假面具

立林是擁有博士學位的高階主管，受聘負責管理科技大廠。雖然擁有博士學位，但立林其實只精通一小部分的領域，對各廠區的營運細節僅有非常粗淺的了解。但他認為問題不大，因為他手邊有本詳述整個廠區製造流程的指導手冊，而且每年都會隨著廠區的進展與調整進行更新，他會常常翻閱研讀，讓自己熟悉各個廠區的變化。

多年下來，各廠區在他的管理之下，都穩定地運作著，沒有出過什麼大問題。最重要的是，即使真的出了什麼狀況，各廠區都有學有專精的廠長駐守著，會及時介入處理，他完全不用擔心自己專業不足的問題。整體來說，他是個認真且資深的主管，曾獲得公司優良資深人員表揚，深受信賴與重用。

也因為這樣的地位，立林被選定為公司新進實習生的導師。雖然肩負導師的名號，但他只負責督導簡單的行政庶務工作，專業指導的部分則由各廠區的廠長負責。每年的實習生都經過嚴格的篩選，個個表現優異，立林實際上根本沒教過實習生什麼，卻依然獲得政府頒發「傑出業師」的獎項。

梧樹是立林退休前一年指導的眾多實習生之一，專業表現優秀，頗受廠長喜愛。有次廠長因為意外事故臨時請假，委託梧樹代為處理當天廠區事務，結果生產線突然出問題無法正常運作，梧樹聯絡不上廠長，便急忙打給立林詢問該怎麼辦。

梧樹其實知道怎麼排除問題，但因為茲事體大，身為實習生的他不敢貿然決定，加上生產線只要停滯就會造成巨大損失，所以他詳細地向立林報告生產線的運作問題，並說明他所知道的問題排除方法，想跟立林確認做法是否正確。

立林聽了以後，對於排除問題的方法並沒有把握，因為各廠區的專業一向都是由廠長負責，他知道最好的方法是去請其他廠區的廠長到事發現場，但為了維持導師的尊嚴，不讓實習生看扁，便從指導手冊裡找到關鍵流程圖，並回憶之前廠區類似問題的排除方法，心想：「論經驗，我工作了這麼多年，從來沒出過什麼大問題；論能力，我相信自己的判斷應該不會輸給一個初出茅廬的實習生。」

於是他指正梧樹的處理方式，並告訴梧樹應該要怎麼做才能正確排除問題。

無法啟齒的代罪羔羊

梧樹雖然對於立林提出的方式有疑慮，但畢竟他是實習生，而立林又講得那麼斬釘截鐵，他也不敢有異議，就照立林的方式去進行。結果生產線當下雖然恢復運作，一切也都看似正常，但隔天廠長回來上班時卻發現，產品出現嚴重的瑕疵，全部都要報廢，損失慘重，於是他找來梧樹與立林，釐清了事情的來龍去脈。

過程中，立林堅持自己的指導沒有錯誤，並將所有責任推給梧樹。立林再三告訴自己，他沒有錯，他可是深獲公司肯定的「優良資深人員」，也是政府認證的「傑出業師」，工作與指導實習生多年，向來兢兢業業，從來沒有出過什麼大紕漏，因此他不可能有錯，特別是在指導實習生處理這種小錯誤上，如果有錯，還造成公司這麼大的損失，豈不是讓所有同事、實習生以及身邊的人看笑話，還會被公司懲處，影響自己的退休生活？所以如果有錯，一定不是他的錯，而是梧樹這個實習生的錯。

即使這樣告訴自己，但不知為何，立林心中仍隱隱有股不安。

立林無法接受自己這麼資深，竟然連實習生都會的基本生產線問題排除方法都不會，更不能接受的是，自己誤將梧樹正確的處理方式判定為錯的，造成公司巨大的損失，他害怕這會延誤到預定的退休，也砸了他在公司與實習生面前建立的招牌。為了消除認知失調的緊張感，維持自我的價值感，他欺騙了廠長，更欺騙了自己，他沒有犯錯，犯錯的是那個實習生梧樹。

廠長對照了立林與梧樹的說法，再向當天執勤的一些員工查證後，心裡有了底。因為這不是第一次發生類似的事情了。各廠廠長之間，其實都知道立林的狀況，只是沒有說破。

「我知道不是你的問題，但立林非常在意自己的形象，也很努力經營，維持得很好，現階段的你，還是先以取得實習證明為要，這件事情你可能要多忍忍，後續如果有什麼狀況，能幫的我會盡量幫，但你不要跟他正面衝突，對你不利，懂嗎？」廠長找來梧樹，意味深長地對他說了這些話。

梧樹聽完後，默默地點點頭。

事情發生後，立林透過各種管道，或公開或隱微地宣稱這件事是梧樹的錯。最後，在廠長主動扛起督導不周的責任、自請處分後，事件才告一段落。

雖然立林完全沒有因為該事件被究責，也維持了他苦心經營的形象，但自此他就常常找機會挑剔與刁難梧樹，並在每次的實習生會議中，刻意孤立梧樹，讓其他實習生誤以為梧樹工作上有很大的問題。為此，梧樹感到非常痛苦。

還好，廠長的支持，協助梧樹撐過了這段難熬的實習，順利取得實習證明，也奠定了專業的實力。

哲學家弗里德里希．尼采（Friedrich Wilhelm Nietzsche）曾說：「凡殺不死我的，將使我更堅強。」

梧樹歷經了這些磨練，在心智與能力上，都變得更有韌性。他憑藉著這些歷練過來的實力，通過了另一間科技大廠的篩選，成為正式員工。雖然如此，回顧這段經歷，他還是很希望可以有公開澄清的機會，讓大家知道不是他的錯。背黑鍋的經驗真的很難受，也因此，他到新公司後，遇到類似的情形，不管是不是發生在他身上，都會勇於跳出來說明真相，不讓歷史重演，他也因此獲得賞識，節節高升。

至於立林，則是風光地退休。風光背後究竟隱藏了多少的不堪，資深員工其實都知道。他們都跟立林保持著疏遠的距離，他們深知，立林很懂得如何運用別人的工作成果，作為自己的功績，那些浮華的獎項，不過是空洞的裝飾，立林並沒有與獎項相稱的實質內涵。他們也知道，一旦出了什麼事情，隨時會被立林出賣，就像梧樹那樣。他們都知道立林對人沒有真誠，只有利用，因此大家只和他維持著表面和平的假象。

立林對這一切真的一無所知嗎？其實他自己也不太確定，因為他坐擁亮眼的頭銜和獎項，工作時卻常常感到焦慮、內心不太踏實，即便風光退休，這股莫名的焦慮仍舊揮之不去……。

獎項與頭銜助長的無知

無知的自覺

哲學家蘇格拉底曾說：「我只知道一件事情，就是我什麼都不知道。」

要能夠覺察無知，並承認自己一無所知，不是件容易的事情。承認無知，其實就等於是承認自己的渺小，這會帶來局限感，減損個人的價值。人們往往會因為想要被人看重，當一個舉足輕重且有影響力的人，而粉飾無知，甚至欺騙自己，以獲得價值感。可怕的是，人們卻容易對這整個過程毫無自覺，還自認為不過是在當個盡本分的好人。

這正是立林所處的狀態。

無知比知識更容易招致自信

立林犯了一個嚴重的錯誤，就是為了維持個人在實習生心目中的重量，否認了自己在專業上的無知，甚至欺騙了自己，成了一個沒有無知自覺的徹底無知者。

無知的人總是高估自己，就如同生物學家查爾斯・達爾文（Charles Darwin）所說的——無知比知識更容易招致自信。心理學家大衛・達寧（David Dunning）和賈斯汀・克魯格（Justin Kruger）以四個實驗證明了這點[21]。

第一個實驗是測試人們分辨笑話好笑度的能力，了解人們是否能正確評估該笑話可以令人發笑。研究者請六十五名受試者評估問卷上三十則笑話的好笑程度，以衡量其對幽默的鑑別能力，接著再邀請八位專業喜劇演員提供意見，綜合這些資料，對受試者的幽默鑑別力進行排名，並請他們估算自己的排名順序。

結果發現，多數的受試者會高估自己的排名，其中，排名最低的二五%，整體高估了四六%的排名，也就是說，幽默鑑別力較低者，更會高估自己的排名。

第二個實驗是想了解人們能否客觀評估自己的邏輯能力。研究者讓四十四位受試者完成二十題邏輯思考測驗後，請他們評估自己在測驗中的排名與答對的題數，發現得分越低的受試者，越容易高估自己的排名與分數。

第三個實驗則是想了解人們對自己英文語法能力的評估狀況。

研究者除了比較受試者自評和實際得分的差異外，還讓高分組和低分組兩組受試者去評估其他同學的分數，並在了解這些同學的能力水準後，回頭重新評估自己的語法能力。

結果發現，低分組的受試者，不會因為經歷了評比其他人的過程，而學習重新調整自己的排名；但高分組的受試者，卻會因此對自己的排名與分數進行調整。

最後一個實驗，是將已接受邏輯推理測驗的一百四十名受試者，隨機平均分配為兩組，其中七十名接受與邏輯訓練相關的課程，另外七十名則接受與邏輯無關但相同時數的課程，並在完成課程後，讓他們重新評估自己在一開始邏輯測驗中的排名和答對的題數。

結果發現，兩組都會重新調整答對題數的評估，但接受邏輯訓練課程者的調整幅度明顯較高，而該組在衡量排名的部分也有顯著改善，另一組未接受邏輯訓練課程的受試者則無。

這四個實驗證明了越無知的人，往往越容易高估自己。心理學稱這個現象為「達克效應」（Dunning–Kruger effect）。研究者認為，能力不足除了會讓人無法勝任相關任務外，也可能讓人無法正確評估自己的能力。

因為視野的有限，加上急著證明自己在群體中的價值，無知者會把自己有限的知識能力過分誇大，別人眼中的三分能力，無知者可能會自詡為十分能力，藉此拉抬自己的身價，取得群體中的高位或其他可能的利益，而有限的視野和能力，又回過頭來限縮個人的自省能力，框架了認知廣度，使其眼中始終只有自己，活在一種自我感覺良好的世界中。

自我感覺良好的世界，創造了價值不滅的錯覺，否認了極限，使個人誤以為自己可以永恆延續到未來。

哲學家史賓諾沙曾說，萬物都極力延續自己的生命[1]。然而，生命的必死性，卻宣告了終點，確立了永恆延續願望的破滅。但人們在潛意識中，仍渴望著永生，拒絕承認自己的平凡。

否認錯誤帶來更大的錯誤

立林處於「自己從來沒有、也不可能會犯錯」以及「自己確實犯了錯」的嚴重認知失調中。

認知失調是由社會心理學家利昂．費斯廷格（Leon Festinger）所提出，指的是個人內在所存有的兩種認知（想法、情緒、信仰、態度與行為等），出現矛盾衝突而無法調和一致時，所產生的一種不舒適的緊張感，而個人為了消除這種緊張不安，會改變或放棄其中一種認知，以遷就另外一種認知，讓內在恢復一致的狀態，進而消除不舒服的內在感受。

費斯廷格在其著作《當預言落空》（*When Prophecy Fails*）中，

以瑪莉安．基奇（Marion Keech）發起的末日預言事件來說明認知失調的狀態。基奇宣稱外星人傳話給她，說即將發生大洪水，但外星人會派飛碟來拯救相信這些事情的信徒。有十一名信徒被基奇說服，相信世界末日即將來臨，他們在末日來臨的前幾天都非常雀躍，做了很多準備，有信徒還製作了母艦型的蛋糕慶賀。到了預言末日的當日，信徒們等了很久，卻遲遲等不到外星人出現，末日預言的大洪水也沒有發生。

基奇說外星人告訴她，末日災難以及外星人都沒有來，是因為這個祕密被洩漏出去之故。多數的信眾對這結果並沒有因為感到失望而離開（只有兩位失望離開），反而從原本積極閃躲媒體的狀態，轉為積極主動聯絡媒體，宣傳他們的理念。

費斯廷格認為這種詭異的行為，是想要藉由說服別人，來向自己證明這些理念是對的，因為如果有很多人都相信這件事情，就代表這件事情是有道理的，進而讓他們可以合理地說服自己相信[17]。

為了驗證認知失調論，費斯廷格進行了一個實驗。他找來一群大學男生擔任實驗受試者，從事一小時單調乏味的工作（將十二把湯匙從盤中一把把拿出，再一把把放回去）。受試者事前並不知道實驗的內容，他們會輪流個別進到實驗室中，從事研究者指定的行為。

研究者要求每位從實驗室出來的受試者，告訴待在門外的等候者（實際上是研究助理人員）說工作非常有趣，然後分別給予他們一美元和二十美元的酬勞（二十美元在當時是大數目），但受試者們彼此不知道酬勞有差異。

這樣的實驗設計是為了讓受試者經歷工作單調乏味，卻又要對別人說工作很有趣的認知衝突。接著再由另外一位研究者，私下詢問每位受試者工作是否有趣。結果發現，收到二十美元的受試者多數表示工作很無聊，承認告訴別人工作有趣是假話；而收到一美元的受試者，多數則表示工作很有趣，跟他們告訴另一研究者的話一致。

費斯廷格認為，得到二十美元報酬的受試者，坦承工作很無聊是因為他知道自己是為了二十美元的高報酬才做這項無聊的工作，大家會覺得很合理，所以他經歷的認知失調較少；但得到一美元低報酬的受試者，很難向自己還有別人解釋說，自己是為了低報酬從事這項無聊的工作一小時，所以認知失調程度較大，只好改變自己覺得工作很無聊的認知，遷就他自己說的假話[2]。

立林為了緩解認知失調的不舒服，否認了自己所犯的錯誤，導致了更大的錯誤，傷了梧樹，也傷了自己。

心理痛苦帶來生理痛苦

社會性的心理痛苦，其強度與影響力，等同於實質上的生理痛苦。科學家已經從神經生物學的研究上證實了這點[3]。

神經學家賈克・潘克沙普（Jaak Panksepp）發現，當小狗等各種哺乳類動物經歷被孤立的社會性痛苦，只要給予低劑量的嗎啡，就能夠明顯減低這種痛苦，也就是說，能夠有效緩和生理疼痛的神經生化物質，也能緩和社會性痛苦，代表對大腦而言，社會性的痛苦與生理性痛苦是非常類似的。

利伯曼等人以功能性磁振造影，研究人們生理痛苦與社會痛苦的大腦機轉，發現生理性疼痛而引起的不舒服，與遭到社會性排斥而引起的不舒服，都會活化背側前扣帶皮質。這說明生理性疼痛與社會性痛苦，仰賴共同的神經機制。

納森・德沃爾（Nathan DeWall）等學者的研究也得到類似的

結果，他們發現，當人們吃下緩解頭痛的止痛藥，也有助於緩解被排擠造成的心痛感，再次證明生理性痛苦與社會性痛苦的緊密關聯性。

這也是為何霸凌如此傷人的原因。多數的霸凌受害者跟梧樹類似，是遭遇言語上的打壓、排擠等，而不見得是肢體上的侵犯，而像這樣非肢體性的傷害造成的痛苦，其強度完全不亞於實質的生理傷害所造成的痛苦。研究顯示，受霸凌的兒童或青少年，憂鬱的比率是一般人的七倍，自殺的可能性也比一般人高出四到六倍[3]。

而職場上的霸凌，更會對個人帶來心理壓力、健康問題、身心症狀以及自殺傾向等諸多不良的影響，而這也是梧樹所經歷的。但立林並不認為自己的行為構成了職場霸凌，反而認為自己是在善盡導師之責，導正梧樹的工作態度。他完全沒有自覺做錯了什麼，以及對梧樹造成了什麼樣的傷害，內心那曾有的一點點不安，也早就因為認知失調而欺騙自己，煙消雲散。梧樹成了立林維持自身價值感與形象的犧牲者，也是替立林背黑鍋的負罪者。

認知失調，讓人連自己都欺騙

不認錯會讓人鄙視自己

心理學家馬斯洛曾說：「如果人的本質核心被否認或壓抑的話，就會生病，有時以明顯的方式，有時以隱微的方式生病……這種內在核心非常纖細微妙，很容易被習性和文化壓力戰勝……即使它受到否認，仍然一直不斷要求得到實現……每一次與我們核心的疏遠，每一個違反我們本性的罪過，都會記錄在潛意識中，使我們鄙視自己。」[1]

立林的內在深處，或許知道自己是個虛有其表、表裡不一的人。真實的他和和他表面所努力經營的形象是完全不同的。他需要為此付出焦慮的代價、付出在內心深處鄙視自己的代價。這種驅之不散的焦慮，將永遠縈繞在他內心，無法散去，因為他已經錯失了在犯錯當下承認犯錯，並為錯誤承擔起責任的機會，他的內心，將永遠記下自己虛偽的面貌。

誠實面對自己

像立林這樣，從傷害別人中所獲得的表面得利與風光，不見得真的對自己有利，也不見得能獲得自己內在的認同，更不見得能夠長久。每當夜深人靜，獨自一人時，他終究得誠實地面對自己。如果他願意承認自己的錯誤，願意改進，他事業上的發展或許不只如此，而在人際上，會更有機會真誠地與人交會，而不是只能被別人敬而遠之。

蘇格拉底曾說：「未經檢視的生活不值得過。」我們需要常常檢視自己和自己的關係，以及自己和別人的關係，避免成為一個自欺欺人、無知無感卻毫無所覺的人。

↓如果你曾為了維護自己的專業形象，而拒絕承認犯下的錯誤……

＊每個人都會犯錯，即使是位高權重的資深前輩也會。

＊逃避面對錯誤的責任，就失去了從錯誤中學習的機會，下次還會犯同樣的錯。

＊將錯誤推給無辜者，會對無辜者造成極大的傷害，不但無法抹去犯錯的事實，又累加了新的錯，錯上加錯。

＊日久見人心，總會有人知道真相。

＊短暫蒙騙別人，卻騙不了自己。

＊自我欺騙，將引起內在對自己的鄙視、不安，內心也會跟著扭曲。

＊想想無辜背黑鍋者的感受。

＊勇於承認自己的錯誤，即使被責備，也能從錯誤中成長，避免再犯同樣的錯。

＊別人會看到你承認的勇氣。

＊自己的內在也會肯定自己。

↓如果你在工作上，被掌權者當成代罪羔羊……

＊誠心檢視自己工作上的疏失。

＊掌權者也有盲點、也會犯錯，也有自己的問題。

＊不要把別人的錯，當成自己的錯。

＊不要跟著掌權者扭曲自己的內心，犧牲自己來成就別人。
＊鼓勵自己：「這是別人將錯誤推給我的，不是我的問題，我不需為別人的錯誤自責，我已經盡力做好本分了。」
＊尋求工作上其他人的協助，不要單獨面對。

面對錯誤時的思考練習

關於職場難以避免的出包或犯錯，我們可以常常思考以下幾個問題：

一、我怎麼看待自己？我認為自己是個什麼樣的人？我會怎麼形容我自己？

二、我覺得我的缺點是什麼？我曾因這個缺點犯下什麼樣工作、學習或人際上的錯誤？

三、當我發現自己犯錯時，我的想法與感受是什麼？我會怎麼評價自己？

四、當我犯錯時，我習慣用什麼模式去處理？這種處理模式會帶來什麼影響或後果？

五、當我犯的錯影響到別人時，我會怎麼做？

六、當別人犯錯時，我會怎麼評價對方？當我的位階高於或低於犯錯的對方時，我的處理方式會有什麼不同？

七、對於自己不了解的事情，我會做什麼？我會為了面子不懂裝懂嗎？還是會勇於承認自己的無知？

八、跟別人合作時，我會怎麼面對團隊的錯誤？我會把責任推給別人嗎？會習慣性去指責別人嗎？還是會檢視自己的責任？

結語

幫助自己建立滋養性的關係型態

在看過了各種關係物化的原型案例後，可以了解到，單向的物化關係型態，會對關係帶來各種傷害，而要擺脫這樣傷害性的關係，讓關係充滿滋養，最重要的，就是要經營關係中的「雙向性」。

滋養性關係中的「雙向」特徵

對主體性的尊重

每個人都是獨特的個體，都有自己的想法、情緒以及需求。

在滋養性的關係裡，我們會關懷別人的存在與成長，就像關心自己的存在與成長一樣；我們會體認到對方和自己一樣，是特別且獨立的個體。

同樣地，如果對方跟我們一樣，想要維持滋養性的關係，他們也會關懷我們就如同關心自己一樣；會體認我們和他們一樣，是獨立且特別的個體。雙方會共同努力，努力在彼此交會時，真誠地對待彼此，讓互動充滿能量與生機。

自發性與主動性

滋養性的關係，是一種自發、主動付出的過程。簡而言之，就是一種「愛」人的過程。

如同佛洛姆所說[1]，「愛」是主動而不是被動；是給予而不是接受；是「站立其中」而不是「落入其中」。他認為，當人給予他人時，會為他人帶來某些東西，而這些他人獲得的滋養，必然會回應到自己身上。更重要的是，給予也會促使別人成為付出者，讓彼此共享這交互作用產生的光輝。

雙向付出，能讓關係中的彼此，都更為豐富。

動態性調整

滋養性的關係並非靜止不動的物品，而是有如生命體一般，是一種動態的進行式，隨時都處在一種因雙方的需要不同，而不斷調整變動的狀態中。我們會在關係的互動中，為了適應彼此的差異，不停地在適應的過程裡，進行調整。

「我」會因為「你」而改變，「你」也會因為「我」而改變，「我們」會因為持續調整中的「你」和「我」而不斷地更新。「我」和「你」在這持續更新的「我們」裡，也會持續地創造出有別於過往的彼此，讓彼此在關係中，處在一種雙向滋養與成長狀態。

建立滋養性的關係型態

帶著對滋養性關係的理解，我們可以幫忙自己，建立健康而具滋養性的人際關係：

檢視關係中雙方的人際模式

在前言中所提到的只關注自己、忽略他人、單向性，是最常見的關係物化模式，我們可以拿這三個指標，拿來檢視自己和別人互動時，我們是怎麼對待別人的，我們是不是都將焦點放在自己身上，一直將自己放在舞台的中心；還是為了讓自己有個好的形象，或為了從對方身上索取資源，不停地犧牲自己、放棄自己的需求以討好別人。同樣地，也可以用這些指標，檢視關係中的對方，是不是過度自我中心，不斷地放大自己，傷害別人；或是不停地縮小自己、隱藏自己。

從本書各篇原型故事案例，辨識自己和對方的人際模式，同時理解這些模式背後的需求，評估這些行為對雙方帶來的影響。

找出需要調整的部分，並採取行動

從檢視、辨識以及理解雙方人際模式的過程，找出會傷害彼此的行為，把握滋養性關係中的雙向性特徵——對主體性的尊重、自發性與主動性、動態性調整，對自己的傷害性行為做出改變，真誠地與對方溝通，找出彼此都可接受、互惠的互動方式，並加以執行。

如果發現自己已經盡了全力，對方仍舊物化自己，不給予對等的尊重，離開關係或保持距離也是可以考量的選擇，不需要為難自己勉強停留在一段無法修補的關係之中。

當然，有很多時刻，我們並無法依照自己的意願完全斷離或終止有傷害性的物化關係（例如在親子關係或職場情境裡），這時別忘了不要單打獨鬥，一定要勇於尋求協助，與我們信任的親朋好友討論如何面對惡意的物化攻擊、傷害，學習適切地回應，表達自己真實的感受，而不是一概沉默忍受，任由對方物化自己。

勇於尋求協助

當我們發現關係陷入僵局，即使已經努力調整，還是無法跳脫困境時，關係中的雙方要提醒彼此，可以聽聽親朋好友的不同意見，讓自己免於掉入「當局者迷」的情境中，更重要的是，要能適時尋求心理師或醫師等專家的專業協助，藉此釐清盲點，找出問題，才能對症下藥。

只要願意伸出雙手求援，給別人機會幫忙，會發現其實我們並不孤單。

後記

我們都是在暗夜汪洋中漂流的獨立小船

哲學家海德格曾說：「雖然可以為別人赴死，可是這種『替死』一點也不表示可以帶走一丁點對方的死亡，沒有人可以消除別人的死亡。」[1]

心理學家亞隆認為，死亡是人們最孤寂的經驗[1]。

我們都害怕死亡，也害怕孤寂，也因此，我們都渴望與人連結。

醫生作家侯文詠曾經在著作中提到，他在醫院與四、五百名末期癌症病人的體悟[22]。當侯文詠問這數百位臨終病患：「對你來說，你覺得生命最重要的是什麼？」這個問題時，他得到非常一致的答案——多數的病人都認為，最重要的就是「關係」。

他們在回顧一生的時候，常會反思自己到底為別人帶來什麼幫助，為這個世界留下了什麼貢獻？

這些病人最放不下的是父母、配偶、子女、親人、朋友。最讓他們感到後悔的是，沒能在有生之年跟這些自己在乎的人維持好的關係。他們渴望在臨終前，能和自己關心的人和解、擁抱，好好地道別。

關係的重要性，由此可見一斑。

普世皆然。

關係的重要性，不只是心理上的，也是生理上的。

研究證實，我們對於「關係」的渴望，根植於大腦之中[3]。科學家觀察出生兩個禮拜的嬰兒，這個階段的新生兒眼睛都還無法聚焦，辨識外界事物都有困難，還沒有足以對人際社會產生興趣的能力，但是他們的大腦與人際連結有關的腦區運作，活躍程度卻跟成人相同。這代表我們大腦對於「關係」的重視，早於嬰兒開始對人際社會產生意識的時間。

其他研究也發現，當實驗參與者在執行指定任務（例如要求計算數學題目）的空檔（不同數學題目出現的時間間隔都只有幾秒鐘），他們大腦中預設社交網絡的活躍度，就跟沒有執行任何任務的時候一樣。

這表示，活化預設網絡是大腦偏好的反射狀態，只要一有機會，我們的大腦都傾向花力氣去處理或整理與人際有關的社會資訊。

換句話說，渴望與他人連結不單純只是心理需求，也是大腦實質的生理需要。

關係無法消滅孤寂，但可以幫助我們面對孤寂

然而，「關係」有辦法消滅我們害怕死亡的孤寂感嗎？如同海德格所說，沒有任何一個人可以替另外一個人帶走任何一丁點的死亡，而伴隨終將一死而來的孤寂感，也無法透過與他人連結而完全消除。

因為每一個人的存在，從誕生那一刻開始，就注定付出脫離這個世界的必然代價——孤獨。也因為如此，任何物化他人、將他人作為消滅孤寂感工具的行徑，都是注定失敗的。

這只會把我們推向孤寂的深淵。

既然孤獨是我們誕生於這個世界的必然代價，我們唯一的因應之道，只有正視這個事實，承認與接受每個人都是孤獨的——包括自己。

唯有發自內心，看見每個人的孤獨、理解所有人其實都處於相同的狀態，我們才能真正接觸到彼此的靈魂。

如同心理學家亞隆所說的：「我們都是黝黑大海上的孤獨之船，我們看見其他船上的燈火，雖然無法碰觸這些船，可是它們的存在與相似的處境，卻能提供莫大的慰藉。我們了解自己是全然地寂寞與無助，可是如果能打破我們沒有窗戶的斗室，就會了解面對相同孤寂恐懼的他人。我們的孤獨感會因為對他人的悲憫而退開，不再如此恐懼。」[1]

科技的發展提供越來越多的逃避管道，當面臨挫折或者任何負面的感受（包括生存必然的孤寂感），我們學會用最快的速度逃進充滿聲光與感官刺激的虛幻世界，迴避我們在這世界上的真實處境。

也因此，我們越來越看不清楚自己、別人以及我們在世界上的真實處境。

在這個狀況下，每個人都慢慢被變成物品，等著被消耗掉。直到生命的盡頭，我們才發現，原來我們常常把最重要的時間、心力、健康以及關係等，拿去追求短暫的快感，或者換取被認為最重要的名利、權位。

臨終時，才懊悔不已。

這本書是為了那些困在物化關係中的人而寫，希望能對他們的困境有一點點幫助。期許這個世界因我的存在，而能多一點點微不足道的亮光。

這本書也是為了我自己而寫，提醒自己要重新檢核生命中的重要關係，不要到死前才徒留遺憾。

這本書更是寫給我最親愛的家人——父母、妻子、兄長以及至親好友們，是他們點亮我的世界，溫暖了我的內心。

寫給我的孩子，希望能為他在成長路上，提供一些指引。

感謝老天。

參考資料

註1 歐文・亞隆（Irvin D. Yalom），《存在心理治療（下）自由、孤獨、無意義》（*Existential Psychotherapy*），張老師文化，二〇〇三。

註2 張春興，《現代心理學》，東華，一九九一。

註3 馬修・利伯曼（Matthew D. Lieberman），《社交天性》（*Social: Why Our Brains Are Wired to Connect*），大牌出版，二〇一八。

註4 歐文・亞隆（Irvin D. Yalom），《存在心理治療（上）死亡》（*Existential Psychotherapy*），張老師文化，二〇〇三。

註5 菲利普・金巴多（Philip Zimbardo），《路西法效應》（（*The Lucifer Effect*），商周出版，二〇〇八。

註6 Duane Schultz、Sydney Ellen Schultz，《人格理論》（*Theories of Personality*）（二版），揚智文化，二〇〇四。

註7 羅洛・梅（Rollo May），《焦慮的意義》（*The Meaning of Anxiety*），立緒，二〇一〇。

註8 埃里希・佛洛姆（Erich Fromm），《自我的追尋》（*Man for himself*），志文出版社，二〇〇二。

註9 Martin E. P. Seligman，《學習樂觀・樂觀學習：提昇EQ的ABCDE法則》（*Learned Optimism*），遠流，一九九七。

註10 卡里・紀伯倫（Kahlil Gibran），《先知：東方詩哲紀伯倫唯美散文詩集》（*The Prophet*），野人，二〇一七。

註11 丹・艾瑞利（Dan Ariely），《不理性的力量》（*The Upside of Irrationality*），天下文化，二〇一八。

註12 丹尼爾・康納曼（Daniel Kahneman），《快思慢想》（*Thinking, Fast and Slow*），天下文化，二〇一八。

註13 Kouchaki, M., Smith-Crowe, K., Brief, A. P., & Sousa, C. (2013). Seeing green: Mere exposure to money triggers a business decision frame and unethical outcomes. *Organizational Behavior and Human Decision*

Processes, 121(1), 53-61. https://doi.org/10.1016/j.obhdp.2012.12.002

註14 羅伯・沃丁格（Robert Waldinger），〈什麼造就美好的人生？維持最長有關幸福的研究成果〉。https://www.ted.com/talks/robert_waldinger_what_makes_a_good_life_lessons_from_the_longest_study_on_happiness/transcript?language=zh-tw

註15 https://en.wikipedia.org/wiki/Grant_Study

註16 珊迪・曼恩（Sandi Mann），《無聊的價值》（*The Upside of Downtime*），三采，二〇一七。

註17 李察・韋斯曼（Richard Wiseman），《怪咖心理學（3）：明明沒有，為什麼看得見？》（*Paranormality*），漫遊者文化，二〇一六。

註18 Paul K. Piff, Daniel M. Stancato, Stéphane Côté, Rodolfo Mendoza-Denton, and Dacher Keltner. Higher social class predicts increased unethical behavior. *Proceedings of the National Academy of Sciences of the United States of America*. March 13, 2012. 109 (11) 4086-4091; https://doi.org/10.1073/pnas.1118373109

註19 尼可拉斯・卡爾達拉斯（Nicholas Kardaras），《關掉螢幕，拯救青春期大腦》（*Glow Kids*），木馬文化，二〇一九。

註20 歐文・亞隆（Irvin D. Yalom），《凝視太陽》（*Staring at the Sun*），心靈工坊，二〇一七。

註21 Kruger, Justin; David Dunning. Unskilled and Unaware of It: How Difficulties in Recognizing One's Own Incompetence Lead to Inflated Self-Assessments. *Journal of Personality and Social Psychology*. 1999, 77 (6): 1121–34

註22 侯文詠，《請問侯文詠》，皇冠，二〇一四。

關係物化

那些假愛之名的需索與控制，是否真是我們想要的愛？

作　　者／郭彥余
責任編輯／黃鈺雯
版　　權／黃淑敏、翁靜如、吳亭儀
行銷業務／莊英傑、周佑潔、黃崇華、王瑜

總 編 輯／陳美靜
總 經 理／彭之琬
事業群總經理／黃淑貞
發 行 人／何飛鵬
法律顧問／台英國際商務法律事務所
出　　版／商周出版　臺北市中山區民生東路二段141號9樓
電話：(02)2500-7008　傳真：(02)2500-7759
E-mail：bwp.service@cite.com.tw
發　　行／英屬蓋曼群島商家庭傳媒股份有限公司　城邦分公司
台北市104民生東路二段141號2樓
電話：(02)2500-0888　傳真：(02)2500-1938
讀者服務專線：0800-020-299　24小時傳真服務：(02)2517-0999
讀者服務信箱：service@readingclub.com.tw
劃撥帳號：19833503
戶名：英屬蓋曼群島商家庭傳媒股份有限公司城邦分公司
香港發行所／城邦(香港)出版集團有限公司
香港灣仔駱克道193號東超商業中心1樓
電話：(825)2508-6231　傳真：(852)2578-9337
E-mail：hkcite@biznetvigator.com
馬新發行所／城邦(馬新)出版集團
Cite (M) Sdn Bhd
41, Jalan Radin Anum, Bandar Baru Sri Petaling,
57000 Kuala Lumpur, Malaysia.
電話：(603)9057-8822　傳真：(603)9057-6622　email: cite@cite.com.my

國家圖書館出版品預行編目(CIP)數據

關係物化：那些假愛之名的需索與控制，是否真是我們想要的愛？/ 郭彥余著. -- 初版. -- 臺北市：商周出版：家庭傳媒城邦分公司發行, 民109.05
面；　公分. --
ISBN 978-986-477-818-8（平裝）

1.人際關係 2.自我實現

177.3　　109003670

封面設計／陳文德　　內文設計暨排版／無私設計・洪偉傑　　印　刷／鴻霖印刷傳媒股份有限公司
經 銷 商／聯合發行股份有限公司　電話：(02)2917-8022　傳真：(02) 2911-0053
地址：新北市231新店區寶橋路235巷6弄6號2樓

ISBN／978-986-477-818-8
定價／360元

城邦讀書花園
www.cite.com.tw

2020年（民109年）5月初版

商周出版

廣	告	回	函
北區郵政管理登記證			
北臺字第10158號			
郵資已付，免貼郵票			

10480 台北市民生東路二段141號9樓

英屬蓋曼群島商家庭傳媒股份有限公司城邦分公司 收

請沿虛線對摺，謝謝！

商周出版

書號：BO0313 書名：關係物化

請於此處用膠水黏貼

商周出版

讀者回函卡

感謝您購買我們出版的書籍！請費心填寫此回函卡，我們將不定期寄上城邦集團最新的出版訊息。

不定期好禮相贈！
立即加入：商周出版
Facebook 粉絲團

姓名：＿＿＿＿＿＿＿＿＿＿ 性別：☐男 ☐女

生日：西元＿＿＿＿年＿＿＿＿月＿＿＿＿日

地址：＿＿＿＿＿＿＿＿＿＿

聯絡電話：＿＿＿＿＿＿＿＿ 傳真：＿＿＿＿＿＿＿＿

E-mail ：

學歷：☐ 1. 小學 ☐ 2. 國中 ☐ 3. 高中 ☐ 4. 大學 ☐ 5. 研究所以上

職業：☐ 1. 學生 ☐ 2. 軍公教 ☐ 3. 服務 ☐ 4. 金融 ☐ 5. 製造 ☐ 6. 資訊

☐ 7. 傳播 ☐ 8. 自由業 ☐ 9. 農漁牧 ☐ 10. 家管 ☐ 11. 退休

☐ 12. 其他＿＿＿＿＿＿＿＿

您從何種方式得知本書消息？

☐ 1. 書店 ☐ 2. 網路 ☐ 3. 報紙 ☐ 4. 雜誌 ☐ 5. 廣播 ☐ 6. 電視

☐ 7. 親友推薦 ☐ 8. 其他＿＿＿＿＿＿＿＿

您通常以何種方式購書？

☐ 1. 書店 ☐ 2. 網路 ☐ 3. 傳真訂購 ☐ 4. 郵局劃撥 ☐ 5. 其他＿＿＿＿

您喜歡閱讀那些類別的書籍？

☐ 1. 財經商業 ☐ 2. 自然科學 ☐ 3. 歷史 ☐ 4. 法律 ☐ 5. 文學

☐ 6. 休閒旅遊 ☐ 7. 小說 ☐ 8. 人物傳記 ☐ 9. 生活、勵志 ☐ 10. 其他

對我們的建議：＿＿＿＿＿＿＿＿＿＿

【為提供訂購、行銷、客戶管理或其他合於營業登記項目或章程所定業務之目的，城邦出版人集團（即英屬蓋曼群島商家庭傳媒（股）公司城邦分公司、城邦文化事業（股）公司），於本集團之營運期間及地區內，將以電郵、傳真、電話、簡訊、郵寄或其他公告方式利用您提供之資料（資料類別：C001、C002、C003、C011 等）。利用對象除本集團外，亦可能包括相關服務的協力機構。如您有依個資法第三條或其他需服務之處，得致電本公司客服中心電話 02-25007718 請求協助。相關資料如為非必要項目，不提供亦不影響您的權益。】

1.C001 辨識個人者：如消費者之姓名、地址、電話、電子郵件等資訊。
2.C002 辨識財務者：如信用卡或轉帳帳戶資訊。
3.C003 政府資料中之辨識者：如身分證字號或護照號碼（外國人）。
4.C011 個人描述：如性別、國籍、出生年月日。

請於此處用膠水黏貼